Psychologie der Vernehmung

Empfehlungen zur Beschuldigten-, Zeugen- und Opferzeugen-Vernehmung

ISBN 978-3-86676-131-5

Verlag für Polizeiwissenschaft

Prof. Dr. Clemens Lorei

Psychologie der Vernehmung

Empfehlungen zur Beschuldigten-, Zeugen- und Opferzeugen-Vernehmung

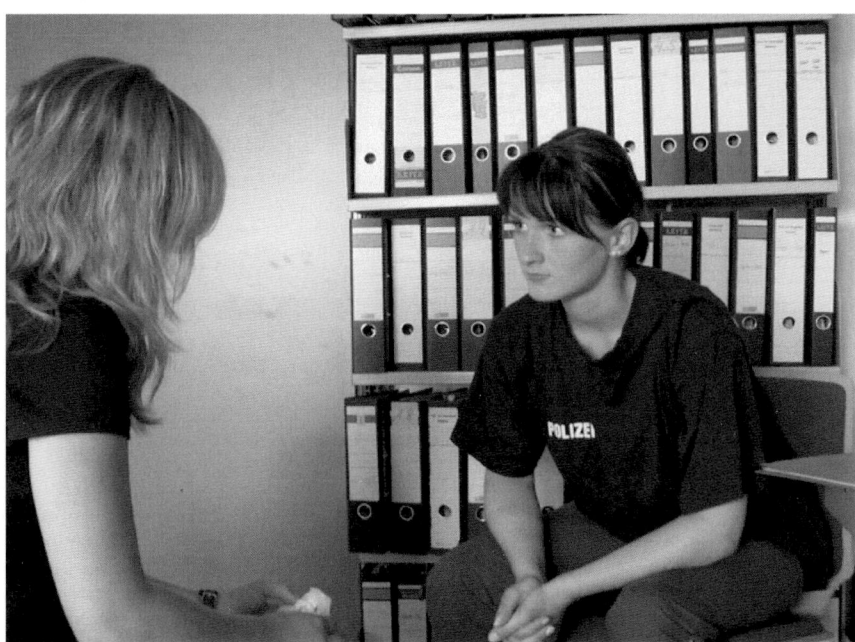

Dietmar Heubrock und Nadine Donzelmann

Bibliografische Information der Deutschen Nationalbibliothek
Die Deutsche Nationalbibliothek verzeichnet diese Publikation in der Deutschen Nationalbibliografie; detaillierte bibliografische Daten sind im Internet über http://dnb.d-nb.de abrufbar.

Verlag für Polizeiwissenschaft, Prof. Dr. Clemens Lorei
Eschersheimer Landstraße 508 • 60433 Frankfurt
Telefon/Telefax 0 69/51 37 54 • verlag@polizeiwissenschaft.de
www.polizeiwissenschaft.de

Printed in Germany

Editorial der Reihe „Polizeipsychologische Praxis"

In den zurück liegenden Jahren hat sich am Institut für Rechtspsychologie der Universität Bremen ein kriminal- und polizeipsychologischer Forschungsschwerpunkt etablieren können, der zu gemeinsamen Kooperationsprojekten zwischen dem Institut und verschiedenen Polizeibehörden geführt hat. Gemeinsame Forschungsanstrengungen bezogen sich dabei unter anderem auf

- die Vernehmungspsychologie,
- das Verhandeln mit Geiselnehmern und anderen Bedrohern,
- die Weiterentwicklung fallanalytischer Verfahren,
- die Früherkennung von Attentatsversuchen im öffentlichen Raum und
- interkulturelle Aspekte der polizeilichen Arbeit.

Durch die enge Zusammenarbeit zwischen polizeilichen Organisationen und einzelnen Beamten einerseits und Mitarbeitern, Doktoranden und Diplomanden des Instituts für Rechtspsychologie andererseits konnten nicht nur neue wissenschaftliche Erkenntnisse gewonnen und gemeinsam publiziert werden, sondern es entstanden auch Materialien für die polizeiliche Praxis, die in dieser neuen Schriftenreihe des Verlags für Polizeiwissenschaft veröffentlicht werden sollen.

Bei der Gestaltung der einzelnen Bände wird ein besonderes Augenmerk auf ihre Handhabbarkeit unter polizeilichen Einsatzbedingungen gelegt. So werden einige Manuale herausnehmbare und wetterfeste Karten enthalten, auf denen wichtige Kurzinformationen, Hinweise, Handlungsempfehlungen oder Formulierungsvorschläge übersichtlich zusammengefasst sind. Mit dieser Reihe wollen wir den für uns unschätzbaren Erkenntniswert der bisherigen Forschungskooperationen in aufbereiteter Form in die polizeiliche Praxis, an der wir bei Echtlagen, taktischen Übungen und Vernehmungen teilhaben durften, zurückgeben.

Nicht zuletzt soll auch das Logo der Reihe, das „p" mit der hochgestellten 3, nicht nur den Reihentitel „**P**olizei**p**sychologische **P**raxis" reflektieren, sondern auch unsere Überzeugung und Erfahrung widerspiegeln, dass ein gemeinsames Handeln von Polizei und Psychologie in der Praxis sich nicht nur bestenfalls einfach addiert, sondern sich im Ergebnis potenziert.

Bremen, im Oktober 2009

Dietmar Heubrock

Inhaltsverzeichnis

Einleitung

Trotz der beeindruckenden Fortschritte, die in den letzten Jahren im Bereich der Kriminaltechnik (z.B. Videoüberwachung, DNA-Analytik, Scannerkamera-unterstützte Tatortanalyse) zu verzeichnen gewesen sind, ist die Aussage von Beschuldigten, Zeugen und Opfern weiterhin ein entscheidendes Beweismittel:

- In der Beschuldigtenvernehmung können Widersprüche in der einzelnen Aussage oder zwischen den verschiedenen Aussagen des Befragten zu einer weiterführenden Vernehmungsstrategie oder sogar zum Geständnis führen;
- die detaillierte Beschreibung des Tatgeschehens und der Beteiligten durch Tatzeugen kann zu einer Identifikation des Täters beitragen und
- die Bereitschaft einer Opferzeugin, die im Ermittlungsverfahren festgehaltene Aussage in der Hauptverhandlung zu wiederholen, kann den Ausgang eines Strafverfahrens maßgeblich bestimmen.

Neben Sachbeweisen, die die Zielrichtung einer Vernehmung und den Inhalt einer Aussage strukturieren, spielt das taktische Geschick des vernehmenden Beamten[1] eine große Rolle. Hierbei erschöpfen sich die taktischen Fertigkeiten nicht nur darin, die richtigen Fragen zum richtigen Zeitpunkt zu stellen, sondern sie erstrecken sich auch auf die Fähigkeit, sich auf unterschiedliche Menschen flexibel einzustellen und sie zu einer gerichtsverwertbaren Aussage zu veranlassen. Diese Herausforderung darf nicht unterschätzt werden.

Als vor etlichen Jahren in den USA und in Großbritannien zwei groß angelegte Untersuchungen der Einstellungen und des Verhaltens von Polizeibeamten durchgeführt wurden, waren die beteiligten Wissenschaftler und die Polizeiführung gleichermaßen erschrocken (Fisher, Geiselman & Raymond, 1987; George, 1991, zit. nach Milne & Bull, 2003). So stimmte nicht nur etwa ein Viertel aller Befragten der provokant gemeinten Behauptung zu, dass es hin und wieder nützlich sei, einen Beschuldigten ins Gesicht zu schlagen, auch die Analysen des tatsächlichen Vernehmungsverhaltens offenbarten eine Reihe von taktischen Mängeln:

- Zwar wurden Zeugen zunächst meist zu einem freien Bericht über ihre Wahrnehmungen aufgefordert, in der Regel jedoch bereits nach kurzer Zeit unterbrochen, oft bis zu vier Mal hintereinander.
- Nicht selten wurde auf einen freien Bericht ganz verzichtet und es wurden gleich zu Beginn konkrete Fragen zum Geschehen gestellt und kurze, konkrete Antworten erwartet, die dem Ausfüllen eines Fragebogens ähnlicher waren als einer detaillierten Zeugenaussage.

---

[1] Aus Gründen der besseren Lesbarkeit wird in diesem Manual auch dann durchgängig die männliche Form verwendet, wenn grundsätzlich beide Geschlechter gemeint sind.

Diese und viele weitere Befunde zur Zeugen- und Aussagepsychologie haben inzwischen dazu geführt, dass die psychologischen Auswirkungen des Vernehmungsverhaltens auf die Effektivität einer Aussage mehr Beachtung finden. Mit diesem Band möchten wir die gedächtnis-, motivations- und sozialpsychologischen Voraussetzungen gerichtsverwertbarer Beschuldigten- und Zeugenaussagen erläutern und taktisch-psychologische Empfehlungen ableiten, die sich in der Vernehmungspraxis bewährt haben.

Für viele Vernehmungsbeamte stellt die Befragung von traumatisierten Opferzeugen, von sehr jungen Kindern und von geistig behinderten Zeugen und Beschuldigten eine große Herausforderung dar, für die sie sich durch ihre Ausbildung oder wegen fehlender Erfahrung durch geringe Fallzahlen kaum „gerüstet" fühlen. Neben polizeilichen Routinevernehmungen soll diesen Personengruppen ein besonderes Augenmerk gelten, um auch hier die Handlungssicherheit zu erhöhen. Zunehmend spielen in der Polizeiarbeit auch interkulturelle Kompetenzen eine Rolle, deren konkrete Umsetzung aber erst ansatzweise und längst nicht für alle relevanten Kulturen ausgelotet ist (vgl. z.B. Klement 2006a, 2006b). Soweit hierzu belastbare Erkenntnisse und genügend abgesicherte Erfahrungen vorliegen, soll daher auf den Umgang mit Beschuldigten und Zeugen mit Migrationshintergrund ebenfalls besonders eingegangen werden.

In den verschiedenen Vernehmungssituationen können

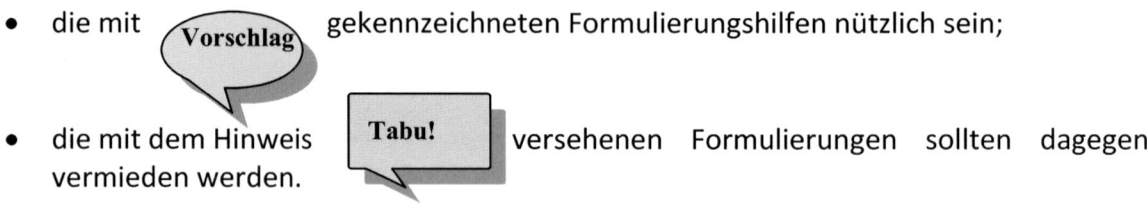

- die mit **Vorschlag** gekennzeichneten Formulierungshilfen nützlich sein;

- die mit dem Hinweis **Tabu!** versehenen Formulierungen sollten dagegen vermieden werden.

Die hier vorgestellten Grundlagen und Empfehlungen gehen auf zahlreiche Schulungen und Fortbildungen zur Vernehmungspsychologie für die niedersächsische Polizei, zur Vernehmungs- und Fragetechnik und zur Prozesstaktik für die drei niedersächsischen Generalstaatsanwaltschaften, zur Exploration und zur Glaubhaftigkeitsbeurteilung kindlicher Zeugen für multiprofessionelle Expertenteams sowie auf kriminalpsychologische Vernehmungs- und Ermittlungsunterstützungen für verschiedene Staatsanwaltschaften und Polizeibehörden zurück.

I Sozialpsychologie der Vernehmung

1. Die Vernehmung als Kommunikation
2. Die Körpersprache in der Vernehmung
3. Der Rapport

1. Die Vernehmung als Kommunikation

Auch wenn man manchmal den Eindruck haben könnte, dass menschliche Kommunikation oft chaotisch und mit unvorhersehbarem Ergebnis abläuft, so unterliegt sie doch grundsätzlichen *Regeln*. Dies gilt sowohl für massenpsychologische Phänomene wie z.B. den Verlauf einer Protestdemonstration mit mehreren tausend Teilnehmern als auch für eine Einsatznachbesprechung mit vielleicht einem Dutzend Polizeibeamten oder eben auch für eine Vernehmung, an der lediglich zwei Personen, der Vernehmungsbeamte und die zu vernehmende Person, beteiligt sind. Jede dieser Situationen ist durch *Interaktion* und *Kommunikation* gekennzeichnet, die sich nur dadurch unterscheiden, inwieweit ihre Regeln formal fixiert und damit weitgehend ritualisiert sind oder aber weitgehend durch die Einstellungen und das Verhalten der Kommunikationspartner bestimmt werden können. Insofern ist jede kommunikative Situation – auch eine Vernehmung – gleichzeitig eine *sozialpsychologische Szene* mit verschiedenen „Freiheitsgraden", die durch den formalen rechtlichen Rahmen zwar vorstrukturiert wird, durch das Handeln der Kommunikationspartner aber unterschiedlich ausgestaltet werden kann.

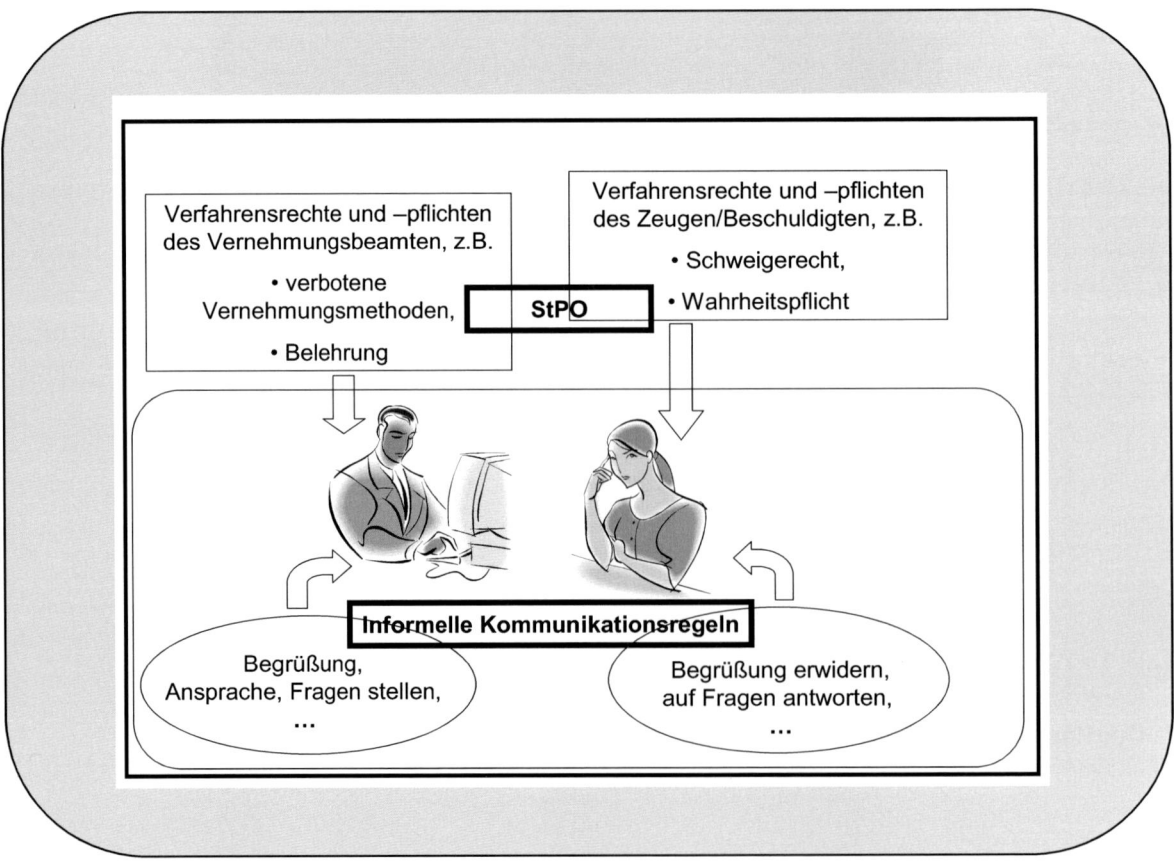

Abbildung 1:
Formale und informelle Kommunikationsregeln einer Vernehmung.

Während der formale Rahmen einer Vernehmung, der beispielsweise durch die Rechte und Pflichten der Beteiligten festgelegt ist (in Abb. 1 durch gerade Linien und Pfeile gekennzeichnet), streng beachtet werden muss, lassen sich die sozialpsychologischen „Regeln" (in Abb. 1 durch gerundete Linien und Pfeile gekennzeichnet) viel flexibler handhaben. Von entscheidender Bedeutung ist hierbei, dass man über diese „ungeschriebenen Gesetze" der menschlichen Kommunikation und Interaktion Bescheid weiß und sie flexibel und taktisch einzusetzen vermag (siehe hierzu auch den Infokasten „Die (marginale) Rolle der Vernehmung in verschiedenen psychologischen Disziplinen").

Infokasten "Die (marginale) Rolle der Vernehmung in verschiedenen psychologischen Disziplinen"

Es ist interessant, dass die polizeiliche (oder staatsanwaltschaftliche) Vernehmung als Spezialfall der direkten interpersonalen Kommunikation („face-to-face"; vgl. Six, Gleich & Gimmler, 2007a) auch in einschlägigen Lehrbüchern der Kommunikations- und Sozialpsychologie nicht vorkommt (z.B. Bierhoff & Frey, 2006; Six, Gleich & Gimmler, 2007b), obwohl sich verschiedene zentrale Konstrukte dieser Forschungsbereiche am Beispiel der Vernehmung hervorragend veranschaulichen lassen. So könnten das Verhalten von Beschuldigten und Opferzeugen unter dem Aspekt des Kontrollverlusts und des Wiedergewinnens von Kontrolle („Kontrollrestauration"; Fritsche, Jonas & Frey, 2006) näher betrachtet oder etwa die Bildung, Veränderung oder Stabilisierung bewusster und unbewusster Einstellungen während der Vernehmung als Form des Überzeugungsverhaltens („persuasive Kommunikation"; Six, 2007) erklärt werden. Obwohl immer wieder hervorgehoben wird, dass menschliche Kommunikation nicht nur durch Merkmale der Kommunikationsumgebung (z.B. Kommunikationskultur, Kommunikationsinhalte) sowie durch Kontextmerkmale (z.B. Beziehungsqualität, Werte und Normen), sondern auch durch Persönlichkeitsmerkmale der beteiligten Kommunikationspartner (z.B. Interessen und Motivation, Erwartungen und Befindlichkeit) bestimmt wird (vgl. hierzu erneut Six, Gleich & Gimmler, 2007a), wird die Vernehmung auch in Lehr- und Handbüchern der Differentiellen und Persönlichkeits-Psychologie nicht explizit behandelt (Weber & Rammsayer, 2005).

In einem Lehr- und Studienbrief zur Beschuldigtenvernehmung gehen Mohr, Schimpel und Schröer (2006) sogar noch einen Schritt weiter und formulieren gleich zu Beginn die auf den ersten Blick sicher etwas provokant wirkende These: *„Vernehmungsarbeit ist Beziehungsarbeit"* (S. 5). Die Autoren meinen damit natürlich nicht, dass der Vernehmungsbeamte eine freundschaftliche Beziehung zu dem Beschuldigten eingehen soll, aber sie wollen damit verdeutlichen, dass es zu Beginn einer gelingenden Beschuldigtenvernehmung darum gehen muss, die zu vernehmende Person in eine kooperative Beziehung einzubinden. Dies gilt aber nicht nur für die

Beschuldigtenvernehmung, sondern als allgemeine kommunikative Regel auch für die Vernehmung von Zeugen.

Wie komplex eine einfache kommunikative Situation in Wirklichkeit ist, wird deutlich, wenn man sie hinsichtlich

- ihres sprachlichen Gehalts,
- ihrer nonverbalen „Begleitung" (v.a. Mimik und Gestik) und
- paraverbaler Formelement (v.a. Stimme und Lautstärke)

analysiert.

Auf der sprachlichen Ebene der Kommunikation muss immer zwischen einem *Inhalts-* und einem *Beziehungsaspekt* unterschieden werden, d.h., jede sprachliche Äußerung enthält immer beide Aspekte, wobei der Beziehungsaspekt den Inhaltsaspekt bestimmen kann (Watzlawick, 1969). Während auf der Inhaltsebene ein Austausch von sachlichen Informationen stattfindet, vollzieht sich auf der Beziehungsebene der (bewusste oder unbewusste) Ausdruck von Gefühlen (Schulz von Thun, 2007; siehe Abb. 2).

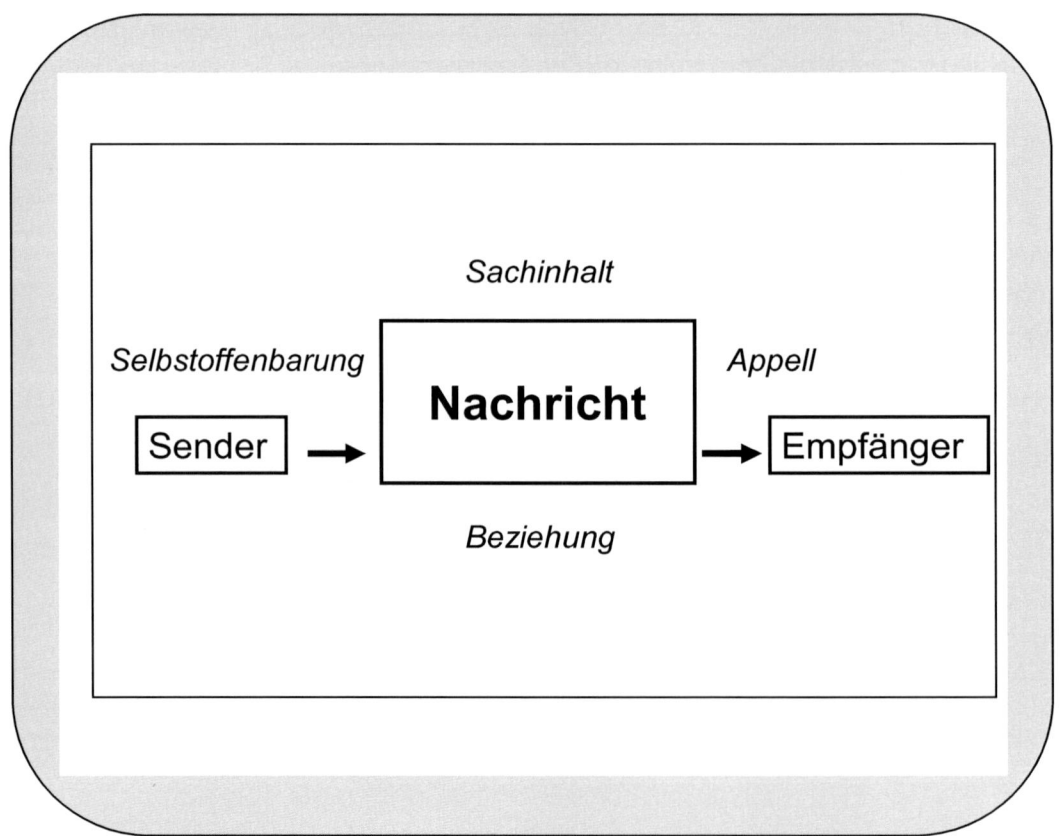

Abbildung 2:
Sender-Empfänger-Modell der zwischenmenschlichen Kommunikation von Schulz von Thun (2007).

Die sozialpsychologische Dimension der Kommunikation erschließt sich allerdings erst dann in seiner ganzen Bedeutung, wenn der Inhalts- und der Beziehungsaspekt als blitzschnelles Wechselspiel zwischen einem Sender und Empfänger begriffen werden. Der

Soziologe Luhmann geht in seiner Systemtheorie sogar noch einen wichtigen Schritt weiter und erklärt, dass durch das stetige Aufeinanderfolgen von Kommunikationen soziale Systeme überhaupt erst entstehen (Luhmann, 2004) und auch die Personzentrierte Systemtheorie versucht, dynamische Modelle der Entstehung von Interaktionen zu entwickeln (Kriz, 1999, 2003).

Infokasten „(Personzentrierte) Systemtheorie"

Die (Personzentrierte) Systemtheorie hat es sich zum Ziel gesetzt, dem mechanistischen Weltbild des 19. Jahrhunderts, das bis heute in vielen Wissenschafts- aber auch Praxisdisziplinen nachwirkt, eine dynamische Sichtweise entgegenzusetzen, die auch für die Kommunikation nützlich ist. Statt Objekte sollen Prozesse, statt Statik soll Dynamik, statt der Annahme einer kontinuierlichen Veränderung sollen qualitative Sprünge („Phasenübergänge") und statt einer eindimensionalen Kausalität von Wirkfaktoren und isolierten Ursache-Wirkungs-Modellen sollen ökologisch-vernetzte Wirkweisen und systemische Rückkopplungs-Modelle zugrunde gelegt werden, die zu einem besseren Verstehen komplexer Vorgänge beitragen.

Insofern ist das in manchen Disziplinen sehr beliebte und in Fortbildungen immer wieder herangezogene Sender-Empfänger-Modell der zwischenmenschlichen Kommunikation von Schulz von Thun (2007) zwar sehr eingängig, es wird den tatsächlichen Gegebenheiten kommunikativer Situationen aber nicht völlig gerecht. Stattdessen sollte man sich eine kommunikative Situation, also auch eine Vernehmung, eher als ein ständiges, mehr oder weniger gut gelingendes gemeinsames *Oszillieren* zwischen den verschiedenen Beziehungsaspekten, z.B. Selbstoffenbarung und Appell, über einen Inhalt vorstellen. Das wechselseitige Eingehen auf den wahrgenommenen Beziehungsaspekt des Kommunikationspartners führt im Idealfall zu einer *Synchronisation*, bei der der (gemeinsame) Inhalt durch ein angemessenes Widerspiegeln (Reagieren und eigenes kommunikatives Agieren) begleitet wird.

Tatsächlich müssen die kommunikativen Linien auf der Inhalts- und der Beziehungsebene durchaus nicht parallel verlaufen. Auf der Inhaltsebene können sich Phasen gemeinsamer Einigkeit über den Sachverhalt („das sehe ich auch so", „stimmt genau", „ja, so war's", „das glaube ich") und Phasen des Widerspruchs oder sogar der Auseinandersetzung („das sehe ich ganz anders", „niemals", „das kann gar nicht sein", „das stimmt nicht") abwechseln (in Abb. 2 durch den Abstand der Doppelpfeile dargestellt). Inhaltliche Ferne wird in einer Beschuldigtenvernehmung sogar eher die Regel als die Ausnahme sein, während es bei einer Zeugenvernehmung vermutlich zu mehr und längeren Phasen inhaltlicher Nähe kommen wird. Der Inhaltsaspekt wird hierbei über den sprachlichen Gehalt vermittelt, der Beziehungsaspekt drückt sich eher in sprachlichen Begleiterscheinungen (z.B. Stimme, Mimik und Gestik; siehe unten) aus, die in ihrer

Gesamtheit erst die kommunikative Szene ausmachen und gleichzeitig beachtet werden müssen.

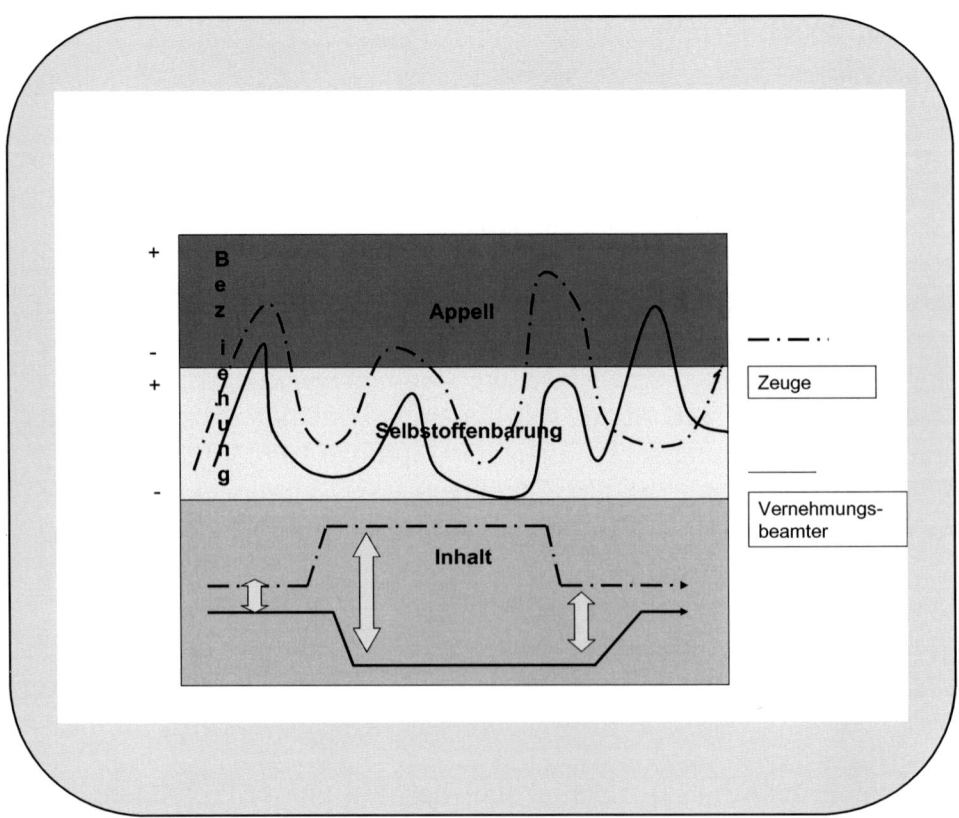

Abbildung 3:
Dynamisches Oszillationsmodell der Kommunikation: Inhalt und Beziehung.

Üblicherweise wird während einer Vernehmung auf den Inhaltsaspekt fokussiert, da die Vernehmung als Beweismittel immer ein *(Ermittlungs-) Ziel* verfolgt und kein kommunikativer Selbstzweck ist. Dies stimmt auch, kann aber durchaus dazu führen, dass die Beziehungsebene vernachlässigt wird und der Vernehmungsbeamte auf diesem Ohr sogar „taub" ist. Das wäre an sich nicht weiter schlimm, wenn damit nicht ein Verlust verbunden wäre, der sich auf das Erreichen des Ermittlungsziels auswirken wird: Beachtet man die Signale der Beziehungsebene nicht oder nicht rechtzeitig, kann es in der Folge zu *kommunikativen Störungen* kommen, die wiederum zu einer inhaltlichen Distanz, zu einem Beharren auf einer Meinung oder sogar zu offenem Widerspruch oder Streit führen können. Umgekehrt lassen sich die Signale der Beziehungsebene, das rechtzeitige Erkennen von Selbstoffenbarungen und Appellen des Beschuldigten oder Zeugen, hervorragend taktisch nutzen, um den Inhaltsaspekt voranzubringen.

So kann auf ein hohes Ausmaß an Appellfunktion einer Zeugenaussage eine vermehrte Selbstoffenbarung des Vernehmungsbeamten (Pfeil nach unten) oder auf ein hohes Ausmaß an Selbstoffenbarung des Beschuldigten eine Verstärkung der Appellfunktion (z. B. die Aufforderung zu einem Geständnis) auf Seiten des Vernehmungsbeamten (Pfeil nach oben) erfolgen.

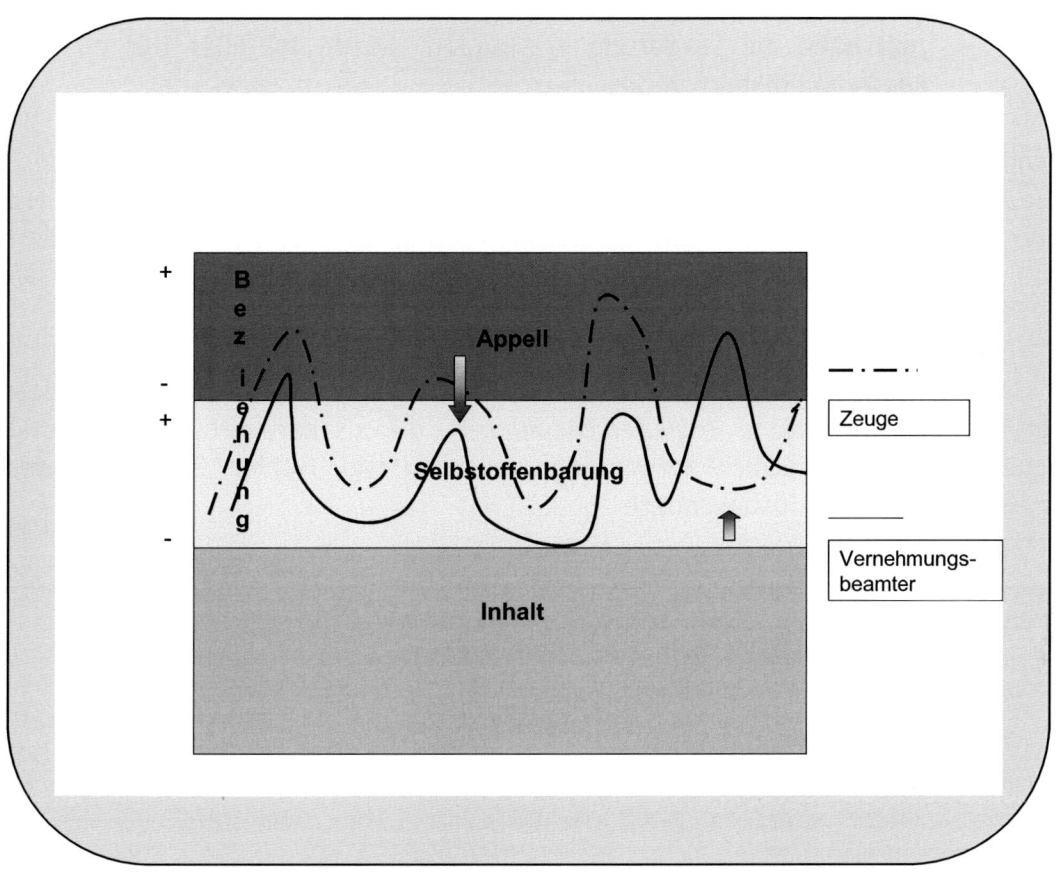

Abbildung 4:
Dynamisches Oszillationsmodell der Kommunikation: Taktischer Nutzen für die Vernehmung.

Am Beispiel eines einzelnen Satzes, der während einer Vernehmung ausgesprochen wird, lässt sich auch sehr gut veranschaulichen, wie leicht es zu *Missverständnissen* zwischen dem Vernehmungsbeamten und der zu vernehmenden Person kommen kann, die den Fort- und Ausgang (die Inhaltsebene) der Vernehmung entscheidend beeinflussen können:

> Beschuldigter: „Ich habe Hunger."
> Vernehmungsbeamter: „Später."

Wenn ein Beschuldigter nach längerer Vernehmungsdauer unvermittelt den Satz „Ich habe Hunger" äußert, so ist dies in jedem Fall eine inhaltliche Aussage, die auf der Beziehungsebene mindestens den Selbstoffenbarungsaspekt, mit einiger Wahrscheinlichkeit aber zusätzlich auch einen Appell („Ich möchte etwas zu essen bekommen") enthält, der wiederum unterschiedlich fordernd *gemeint* sein kann („Ich möchte *jetzt* etwas zu essen bekommen" oder „Bringen *Sie* mir *sofort* etwas zu essen"). Die Erwiderung „Später" des Vernehmungsbeamten enthält natürlich ebenfalls einen Inhalt („jetzt gibt es nichts zu essen"), kann auf der Beziehungsebene aber eine unterschiedliche Bedeutung haben, z.B.

- „ich möchte jetzt *nicht gestört/unterbrochen* werden" oder
- „ich lasse mich *nicht herumkommandieren*" oder
- *„ich bestimme,* was hier geschieht" oder
- „ich habe die Forderung verstanden, werde sie aber mit einer *eigenen Forderung* taktisch verknüpfen".

Tatsächlich lässt sich die Botschaft, die der Vernehmungsbeamte mit seiner Erwiderung auf der Beziehungsebene vermitteln möchte, nicht allein aus dem Inhalt der Nachricht („Später") erschließen; sie ist sogar derart mehrdeutig, dass es weiterer Hinweise bedarf, damit der Beschuldigte sie überhaupt deuten und in seinem weiteren Vernehmungsverhalten berücksichtigen kann.

Um vor allem den Beziehungsaspekt einer Nachricht vollständiger erfassen zu können, müssen *sprachliche Begleiterscheinungen*, die als paraverbale Ausdrucksformen bezeichnet werden, zusätzlich herangezogen werden (vgl. Hübler, 2001; Jessen, 2006; Simon, 2004). Diese sind insbesondere

- die Stimmhöhe,
- die Sprechgeschwindigkeit,
- die Lautstärke,
- die Sprachmelodie, aber auch
- stimmliche Äußerungen wie Seufzen, Räuspern, Stöhnen, Lachen und unartikulierte Laute (sog. „Flicklaute") wie „ah", „ähm" oder „hm".

Paraverbale Ausdruckselemente können das Gesprochene unterstreichen, verstärken oder entkräften und damit sogar in sozialpsychologischer Hinsicht ein Indikator für die Ernsthaftigkeit, Stressbelastung und Echtheit („Authentizität") einer Botschaft sein (siehe Infokasten „Stimmanalyse bei Geiselnahmen").

Infokasten „Stimmanalyse bei Geiselnahmen"

Eigene Untersuchungen zur Vorhersage des Eskalationsniveaus bei Verhandlungen mit Geiselnehmern haben gezeigt, dass von mehreren paraverbalen Merkmalen der Äußerungen von Geiselnehmern die *Variation der Stimmhöhe* sehr gut geeignet ist, den weiteren Verlauf des Geiselnehmerverhaltens vorauszusagen. Dadurch ergibt sich für den polizeilichen Verhandler wiederum die Möglichkeit, einer weiteren Eskalation der Bedrohungslage rechtzeitig entgegenzuwirken (Heubrock et al., 2010).

Dieses Beispiel zeigt, dass paraverbale Ausdruckselemente – zusätzlich zu inhaltlichen Merkmalen (z.B. das Stellen oder Erfüllen von Forderungen) – ein wichtiges Element einer ganzheitlichen Lageeinschätzung sein können.

Gemäß einem viel zitierten Satz des amerikanischen Kommunikationspsychologen Watzlawick, dass man nicht *nicht* kommunizieren kann, gewinnen Kommunikationsformen, bei denen die Lautsprache völlig fehlt, zunehmend auch in der Vernehmungssituation Beachtung (Heubrock & Palkies, 2008). Diese werden zusammenfassend *nonverbale Ausrucksformen der Kommunikation* genannt und können – obwohl ihnen der Inhaltsaspekt fehlt - dennoch der zwischenmenschlichen Verständigung dienen, da sie „Ausdruck unseres inneren Wünschens, unseres Befindens, sowie unserer Gefühle, unseres Wollens und Handelns [sind]" (Molcho, 2006, S. 11). Hierzu gehören

- Gestik,
- Mimik,
- Haltung und Bewegung,
- Berührung,
- Nähe und Distanz

sowie als Sonderformen der Kommunikation das *Schweigen*, das *Lachen* und das *Weinen* (Hübler, 2001; Molcho, 2002; Scherer & Wallbott, 1979).

Vor allem beim *Schweigen*, dem jeder Inhalt und – anders als beim Lachen und Weinen - sogar jede paraverbale Begleitung fehlt, und das phasenweise sowohl in einer Beschuldigten- als auch in einer Opferzeugen-Vernehmung häufig vorkommt, wird sehr deutlich, dass wir hier vollständig auf den Beziehungsaspekt der Kommunikation beschränkt sind, wobei wir zunächst einmal die *Bedeutung* des Schweigens erkennen müssen: Beschuldigte und Zeugen können aus Verlegenheit, Angst oder Ratlosigkeit schweigen, aber auch, um Lügen zu vermeiden oder aus taktischen Gründen, um den anderen zu irritieren und sich selbst damit einen Vorteil zu verschaffen (Birkenbihl, 2007).

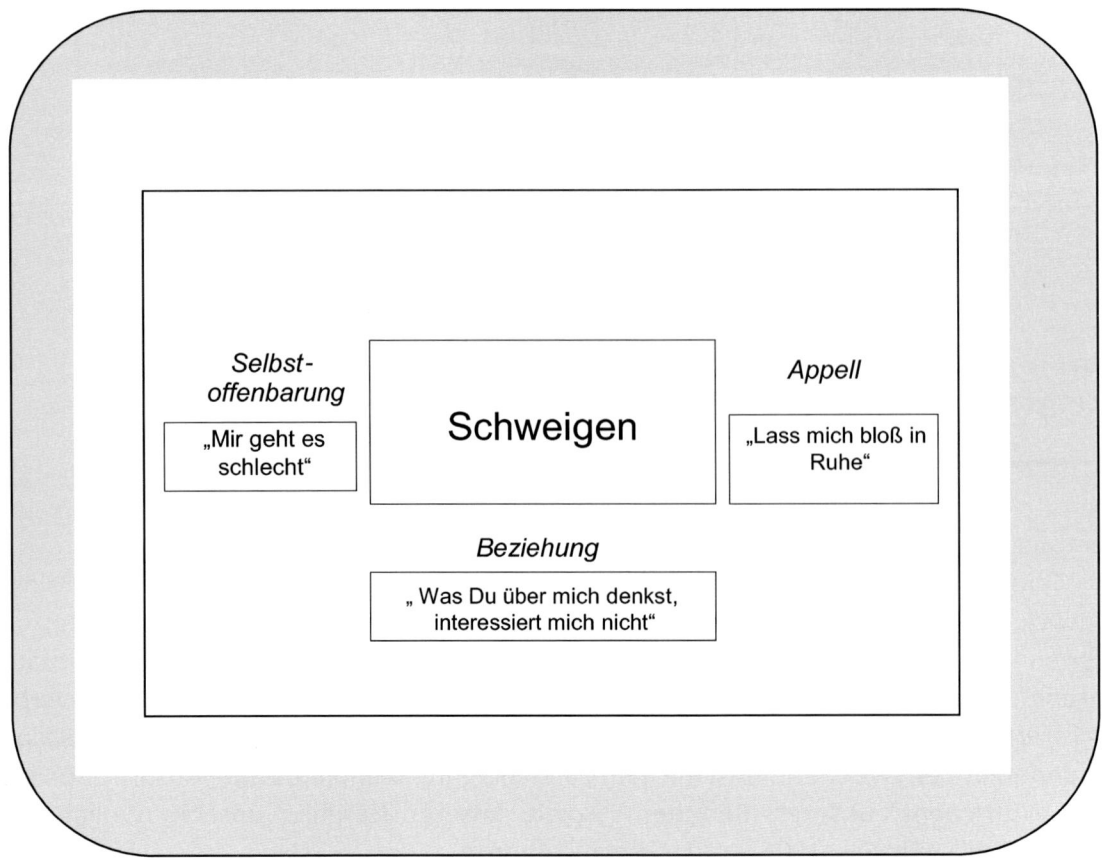

Abbildung 5:
Kommunikation ohne Inhalt: Mögliche Bedeutungen des Schweigens.

Wie zwingend ein Schweigen als *indirekte Verhaltensaufforderung* wirken kann, merken wir, wenn wir uns selbst in einer Vernehmungssituation befinden, in denen über mehrere Minuten hinweg kein einziges Wort gesprochen und noch nicht einmal Blickkontakt hergestellt werden konnte. Einer der Beteiligten wird dieses Schweigen nicht länger aushalten und der indirekten Verhaltensaufforderung nachkommen und zu sprechen beginnen. Das Schweigen kann demnach ein recht mächtiges Kommunikationsmittel sein, wenn es – auf der Seite des Vernehmungsbeamten - taktisch eingesetzt wird oder wenn wir uns dem Zwang der indirekten Verhaltensaufforderung entziehen und das Schweigen selbst länger aushalten als es der Zeuge oder der Beschuldigte (unbewusst) erwartet.

Um das Schweigen eines Zeugen oder Beschuldigten richtig deuten zu können und daraus die richtigen taktischen Konsequenzen zu ziehen, ist eine genaue Beobachtung der übrigen nonverbalen Signale unseres Gegenübers entscheidend.

.

2. Die Körpersprache in der Vernehmung

Die große Bedeutung nichtsprachlicher (nonverbaler) Signale der Kommunikation wird sehr anschaulich im sog. „Eisberg – Modell" (Molcho, 2002) deutlich, demzufolge unser soziales Verhalten bis zu 80 % durch meist unbewusst wirksame körpersprachliche Signale reguliert wird. Wie bei einem Eisberg, dessen größtes Volumen (ca. 80%) sich unterhalb der Wasserlinie befindet, steuern die unbewussten Signale der Körpersprache unser soziales Verhalten weit mehr als die gezielt einsetzbaren, bevorzugt beachteten verbalen und paraverbalen Elemente der Kommunikation (siehe Abb. 6).

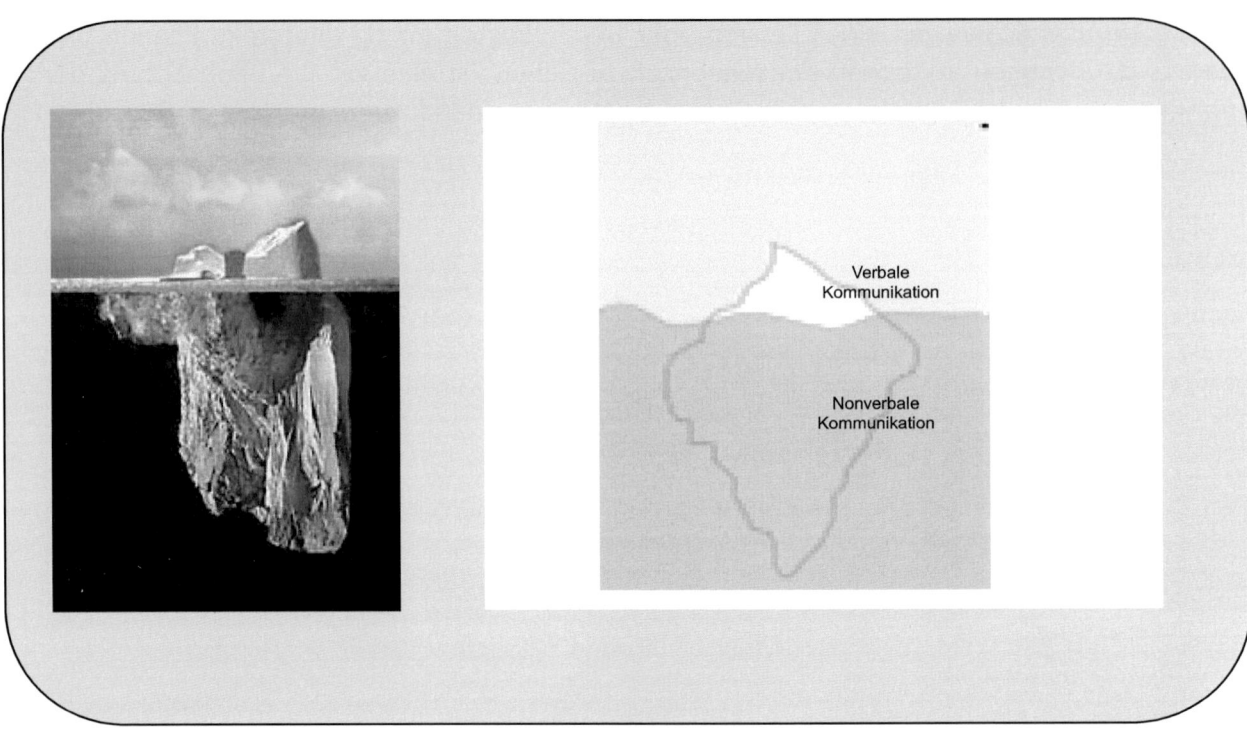

Abbildung 6:
Das Eisberg-Modell der menschlichen Kommunikation (Urheber der Grafiken: links: Bodo Wiska, Berlin; rechts: Wuzur; beide freigegeben zur Veröffentlichung).

Um zu einer vollständigen Einschätzung der Absichten, Wünsche, Appelle oder auch der Täuschungsversuche eines Beschuldigten oder Zeugen zu gelangen, müssen als körpersprachliche Signale

- das Bewegungsverhalten,
- die Distanzregelung,
- die Fortbewegung und
- die Bewegungsausrichtung

beachtet werden, die als Teilbereiche der Lehre von der Körpersprache (Kinesik) erforscht werden (Birkenbihl, 2007; Molcho, 2002; siehe Abb. 7).

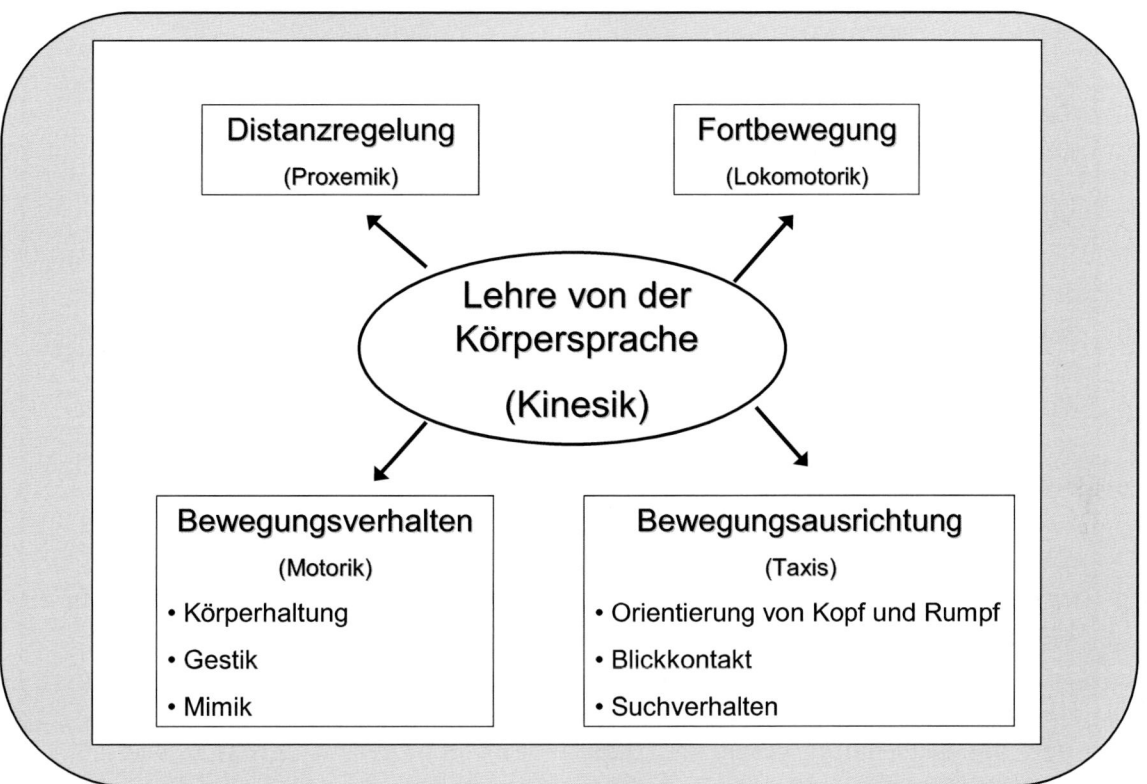

Abbildung 7:
Die Teilbereiche der Lehre von der Körpersprache (nach Birkenbihl, 2004; modifiziert aus Heubrock & Donzelmann, 2010; Heubrock & Palkies, 2009a).

.

In der Vernehmung spielen die verschiedenen Elemente der *Distanzregelung* eine sehr große Rolle. Das räumlich-kommunikative Verhalten drückt sich hier als

- Verhalten in Bezug auf räumliche Gegebenheiten (Territorialverhalten),
- körperliche Nähe und Distanz bis hin zu
- Berührungen und
- Ausmaß der Zu- oder Abwendung zwischen Kommunikationspartnern

aus (vgl. Hübler, 2001).

Mit dem Verhalten im Raum lassen Menschen ihre soziale und emotionale Beziehung zueinander erkennen, hieran lassen sich (der Wunsch nach) Zugehörigkeit und Sympathie, aber auch das eigene Rollenverständnis und Machtunterschiede sichtbar machen (siehe hierzu Infokasten „Diplomatische Demütigung durch Territorialverhalten").

Infokasten „Diplomatische Demütigung durch Territorialverhalten"

Türkischer Botschafter gedemütigt
Diplomat musste Konflikt mit Israel ausbaden

VON ULRICH W. SAHM

JERUSALEM. Israel ist über die Türkei empört und hat den türkischen Botschafter in Tel Aviv vorgeladen, um ihm einen bis ins letzte Detail geplanten diplomatischen Rüffel zu erteilen. „Achten Sie darauf, dass der Botschafter auf einem niedrigen Sofa sitzt, während wir auf ihn von hohen Stühlen herabschauen", erklärte der stellvertretende Außenminister Dany Ayalon den anwesenden Fotografen.

Nicht nur das. Auf dem niedrigen Tisch zwischen den israelischen Beamten, „die nicht lächeln", wie Ayalon weiter sagte, stand nur ein kleines israelisches Fähnchen und kein türkisches. Dem türkischen Gast wurde nicht einmal ein Glas Wasser angeboten.

Der Botschafter musste zudem mehrere Minuten lang vor der verschlossenen Tür des Büros warten. [...] Erst danach öffnete sich die Tür und der Botschafter durfte den Raum betreten. Die mit „ernster Miene" dreinschauenden israelischen Beamten schüttelten dem Botschafter nicht einmal zur Begrüßung die Hand. [...]
(Delmenhorster Kreisblatt, 13. Januar 2010)

Wie an dem Beispiel des Infokastens zu erkennen ist, drückt die räumliche *Nähe* oder *Distanz*, die Menschen in Kommunikationssituationen bewusst oder unbewusst zueinander einnehmen, in der Regel die Qualität einer Beziehung aus. Ob eine bestimmte Nähe aber als angenehm oder unangenehm empfunden wird, hängt auch

- von Persönlichkeitsmerkmalen (Ängstlichkeit, Offenheit),
- vom Geschlecht,
- von der Situation,
- vom Bekanntheitsgrad der Beteiligten (Familie, Freunde, flüchtige Bekannte, Unbekannte) oder auch
- von der Landeskultur

ab.

Auch in manchen Berufen (Arzt, Friseur, Masseur) ist eine geringe Distanz unerlässlich, ohne dass sie Schlüsse auf die emotionale Beziehung zwischen den Beteiligten zulässt. Ebenso kann dieselbe Distanz von derselben Person in verschieden Situationen unterschiedlich wahrgenommen werden. So kann die Enge einer überfüllten Straßenbahn, in der Einkaufsschlange an einer Supermarktkasse oder in einem Aufzug „notgedrungen" toleriert oder als „erste Hilfe" an einem Unfallort von Unbekannten sogar erwartet werden. Nicht zuletzt zeigen sich auch Unterschiede im Raumverhalten zwischen den Kulturen. Beispielsweise pflegen Angehörige des arabischen Kulturraumes generell geringere Distanzen zu ihren Interaktionspartnern als Nordeuropäer (Argyle, 2002; Hübler, 2001; siehe auch Infokasten „Kulturelle Unterschiede sozialer Distanzmaße").

Infokasten „Kulturelle Unterschiede sozialer Distanzmaße"

Im südlichen Europa und in Südamerika ist der angemessene Gesprächsabstand zwischen Fremden deutlich geringer als in West- und Nordeuropa. Ein südamerikanischer Mann, der sich beispielsweise mit einem Engländer unterhalten will, wird einen deutlich geringeren Abstand zu seinem Gesprächspartner einnehmen, als es dieser gewohnt ist. Der Engländer wird sich dadurch eher bedrängt fühlen und unbewusst zurückweichen, um die für ihn richtige Distanz einzunehmen. Umgekehrt kann diese Vergrößerung des Gesprächsabstandes von dem Südamerikaner als Herabsetzung oder Ausweichen verstanden werden.

Auch im Bereich des Berührungsverhaltens lässt sich ein deutlicher kultureller Unterschied beobachten: Berührt ein Südamerikaner seinen Gesprächspartner bis zu 180 Mal pro Stunde, so wird man dieses Verhalten bei einem „kühlen" Engländer hingegen nicht ein einziges Mal beobachten können.

(Beispiele aus Argyle, 2002; nach Heubrock & Palkies, 2008, S. 606)

Ein angemessenes räumliches Verhalten verlangt nicht nur, dass ein Mindestabstand eingehalten werden muss, um den anderen nicht zu bedrängen (es sei denn, dies wird aus taktischen Gründen bewusst angestrebt), sondern es ist auch eine *Mindestnähe* erforderlich, um einen persönlichen Kontakt aufbauen zu können. Ist das Eindringen in die intime Distanzzone nur Familienmitgliedern, Liebespartnern und engsten Freunden gestattet, gilt in Mitteleuropa die persönliche Zone mit einem *Abstand von 0,5 bis 1 Meter* als optimaler Bereich, um eine persönliche Arbeitsbeziehung, zu der auch die polizeiliche Vernehmung zählt, herzustellen (Heubrock & Palkies, 2008; siehe Abb. 8).

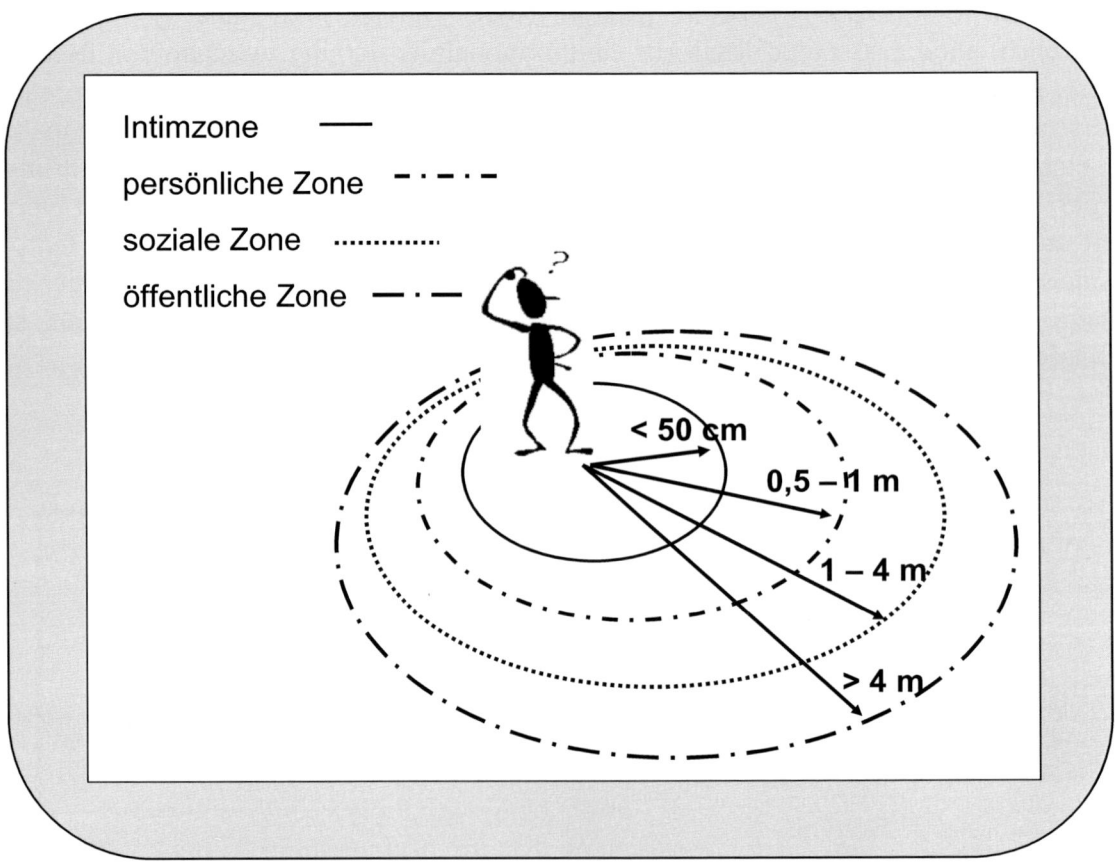

Abbildung 8:
*Nähe und Distanz zwischen mitteleuropäischen Kommunikationspartnern (nach Heubrock &
Palkies, 2008, S. 606).*

Verknüpft man nun die Überlegungen zum Territorialverhalten und zur räumlichen
Nähe bzw. Distanz, so zeigt sich, dass die Standard-Vernehmungssituation den
Grundvoraussetzungen der Proxemik überhaupt nicht entspricht (siehe Abb. 9).

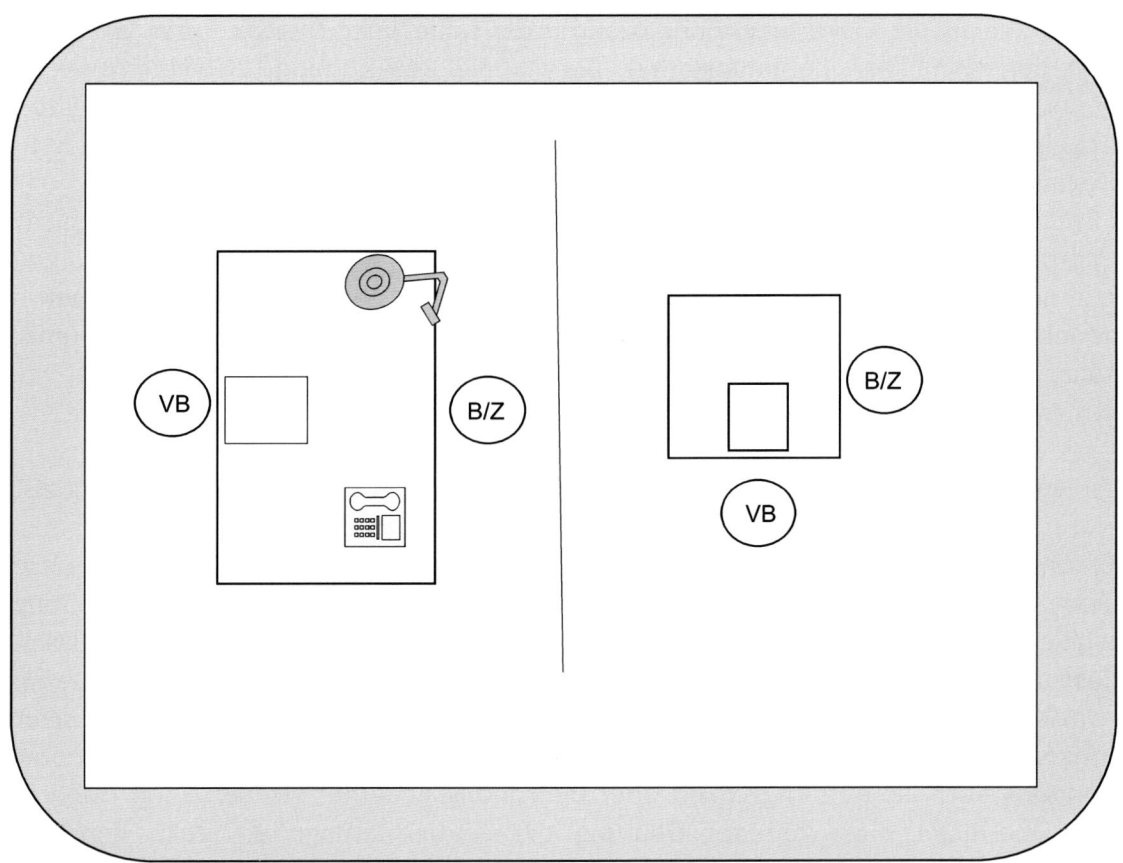

Abbildung 9:
Kommunikationsbehindernde (links) und kommunikationsfördernde (rechts) räumliche Bedingungen einer Vernehmung (VB = Vernehmungsbeamter, B/Z = Beschuldigter oder Zeuge; modifiziert nach Heubrock & Palkies, 2008, S. 607).

Ein Schreibtisch stellt zum einem ein persönliches, eine soziale Distanz schaffendes Territorialmerkmal dar, er vergrößert aber zum anderen auch automatisch den räumlichen Abstand, so dass die besonders wirksame persönliche Zone von *0,5 bis 1 Meter* meist verlassen wird. Das sich am Schreibtisch ergebende Sich-Gegenüber-Sitzen hat weiterhin eher den Charakter einer Konfrontation, der bei einer Beschuldigtenvernehmung vielleicht im Einzelfall gewollt ist, bei einer Zeugenvernehmung aber vermieden werden sollte. Zuletzt stellt der eigene Schreibtisch aber auch eine Barriere dar, die ein ungehindertes Beobachten der körpersprachlichen Verhaltensweisen und -änderungen des Gegenübers beeinträchtigt. Zudem bietet die Sitzanordnung in Abbildung 9 (rechts) den Vorteil, dass ein ungehindertes „taktisches Synchronisieren" leichter stattfinden kann (Heubrock & Palkies, 2008). Diese Sitzordnung mit einem kleineren oder Beistell-Tisch unterstützt auch eine zugewandte Körperhaltung, die dem Zeugen oder dem Beschuldigten Aufmerksamkeit und Gesprächsbereitschaft signalisiert und als Form der *räumlich-kommunikativen Zuwendung* ebenfalls beachtet werden muss.

Eine kommunikativ günstige *Körperhaltung*, die in der Lehre von der Körpersprache dem Bereich des *Bewegungsverhaltens* (Motorik) zuzuordnen ist, berücksichtigt - vielleicht noch stärker als die Einhaltung einer bestimmten Nähe oder Distanz – den *dynamischen* Aspekt der räumlichen Kommunikation. Bereits die Bezeichnung „*Bewegungs*verhalten" zeigt an, dass nicht nur räumliche, sondern gleichermaßen auch *zeitliche Aspekte* eine entscheidende Rolle spielen – erst ein Wechsel verschiedener Körperhaltungen lässt eine Bewegung überhaupt erst entstehen.

Die Bezeichnung „Körperhaltung" ist auch deswegen sehr zutreffend, weil mit ihr nicht nur der Körper in einer bestimmten physiologischen Bewegung fixiert, d.h. fest*gehalten* werden kann, sondern weil die Körperhaltung auch die *soziale Haltung* zwischen den Kommunikationspartnern ausdrückt. An ihr lassen sich, zusammen mit der räumlichen Distanz, kommunikative Absichten und emotionale Beziehungen, aber auch der soziale Status zwischen Personen, erkennen.

In eigenen kleinen Experimenten, aber auch in der kommunikationspsychologischen Literatur kann man immer wieder bestätigt finden, dass beispielsweise ein vorgeneigter Oberkörper Zuwendung und Interesse signalisiert, während ein demonstrativ zurückgelehnter Oberkörper mit verschränkten Armen als Ausdruck für Desinteresse, Missfallen oder Überheblichkeit gedeutet werden kann (vgl. Hübler, 2001). Dass die Bedeutung einer bestimmten Körperhaltung aber nur im Zusammenhang mit ihrer *zeitlichen Dynamik* erschlossen werden kann, zeigt sich an diesem Beispiel daran, dass ein *schnelles* Verringern der Distanz zum Gegenüber mit dem eigenen vorgeneigten Oberkörper statt als Zuwendung auch als Aufdringlichkeit oder Bedrohung gedeutet werden kann (Mehrabian, 1972). Überhaupt muss bei der Deutung der Körperhaltung, wie auch generell der Körpersprache, die *wechselseitige Beeinflussung* der Interaktionspartner beachtet werden. Diese geschieht meist unbewusst und spontan, kann aber auch als Kommunikationsmittel gezielt eingesetzt werden (siehe den Infokasten „Was passiert beim Flirten" in Bezug auf ein alltagstypisches Phänomen).

> **Infokasten „Was passiert beim Flirten"**
>
> „So läuft der Flirt normalerweise ab: Durch geschlechtsspezifische Körpersprache versuchen sowohl Männer als auch Frauen, die Aufmerksamkeit des Gegenübers zu gewinnen. Der Verhaltensforscher Irenäus Eibl-Eibesfeldt stellte bereits in den 60er Jahren in umfassenden interkulturellen Studien fest, dass es ein weltweit verbreitetes, einheitliches Muster weiblichen Flirtens gibt.
> - Die Frau betont [...] ihre sekundären Geschlechtsmerkmale (Busen und Po) durch eine bestimmte *Haltung* und *Bewegung*.
> - Dann lächelt sie ihren Bewunderer an. Ganz *kurz*. *Schnell* und *ruckartig* zieht sie die Brauen hoch und betrachtet den Mann mit weitgeöffneten Augen.
> - Dann senkt sie die Lider, neigt den Kopf seitlich nach unten und wendet den Blick ab. [...]
>
> Männer gebärden sich wiederum ganz anders, um Frauen auf sich aufmerksam zu machen. Sie „brüsten" sich, wollen durch „Imponiergehabe" Dominanz demonstrieren, wenn sie etwa ihre *Hände im Nacken verschränken* und sich mit angehobenen Ellbogen und vorgewölbter Brust im Stuhl *zurücklehnen*."
> (Quelle: Kruck & Wiede, 1996, S. 117; *Hervorhebungen erfolgten nachträglich*)

Die Beachtung der Körperhaltung als Ausdruck des aktuellen Befindens bringt gerade in der phasenhaft verlaufenden Vernehmungssituation Vorteile für den Vernehmungsbeamten mit sich: zum einen lässt sich daran der gegenwärtige emotionale Zustandes des Zeugen oder Beschuldigten sehr schnell erkennen, zum anderen lässt sich daraus auch eine taktische Einflussnahme des Vernehmungsbeamten auf die Gefühlslage des Zeugen oder Beschuldigten ableiten. Beispielsweise kann der Vernehmungsbeamte durch eine zugewandte Körperhaltung auf eine verängstigte Opferzeugin beruhigend einwirken oder durch das Einnehmen einer drohenden Körperhaltung einen widerständigen Beschuldigten beeindrucken.

Zu den am intensivsten erforschten Bereichen der Körpersprache gehört ganz ohne Zweifel die *Gestik*, die – wie die Körperhaltung – ebenfalls dem Bewegungsverhalten zuzuordnen ist (siehe erneut Abbildung 7). Daraus wird nicht nur deutlich, dass wir es mit einem zeitlich extrem dynamischen Moment der Körpersprache zu tun haben, sondern die intensive Erforschung der Gestik hängt auch damit zusammen, dass die Gestik in besonderem Maße *unbewusst* zum Ausdruck gebracht wird und damit auch für emotionspsychologische Fragestellungen besonders ergiebig ist (Ekman & Friesen, 1969; McNeill, 1992; Molcho, 1996, 2002; Scherer & Wallbott, 1979).

In der Entwicklungsgeschichte des Menschen stellt die Gestik einen kommunikativen „Vorläufer" der sprachlichen Verständigung dar (Hübler, 2001; Tomasello, 2009; Rütscher & Meyer, 2010), entwicklungspsychologisch zeigt sich eine zunehmende Verknüpfung der Gestik mit sprachlichen Elementen (McNeill, 1992; Mietzel, 2002; Petitto & Marentette, 1991) und in neuropsychologischen Studien konnte nachgewiesen werden, dass bei der Produktion von Gesten und sprachlichem Ausdruck dieselben Hirnareale, insbesondere das Broca-Areal, aktiviert werden (Goldenberg, 1996; McNeill, 1992; Pedelty, 1987; Rothi,

Ochipa & Heilman, 1991; siehe auch Abb. 10 und Infokasten „Störungen nach einer Schädigung des Broca-Areals").

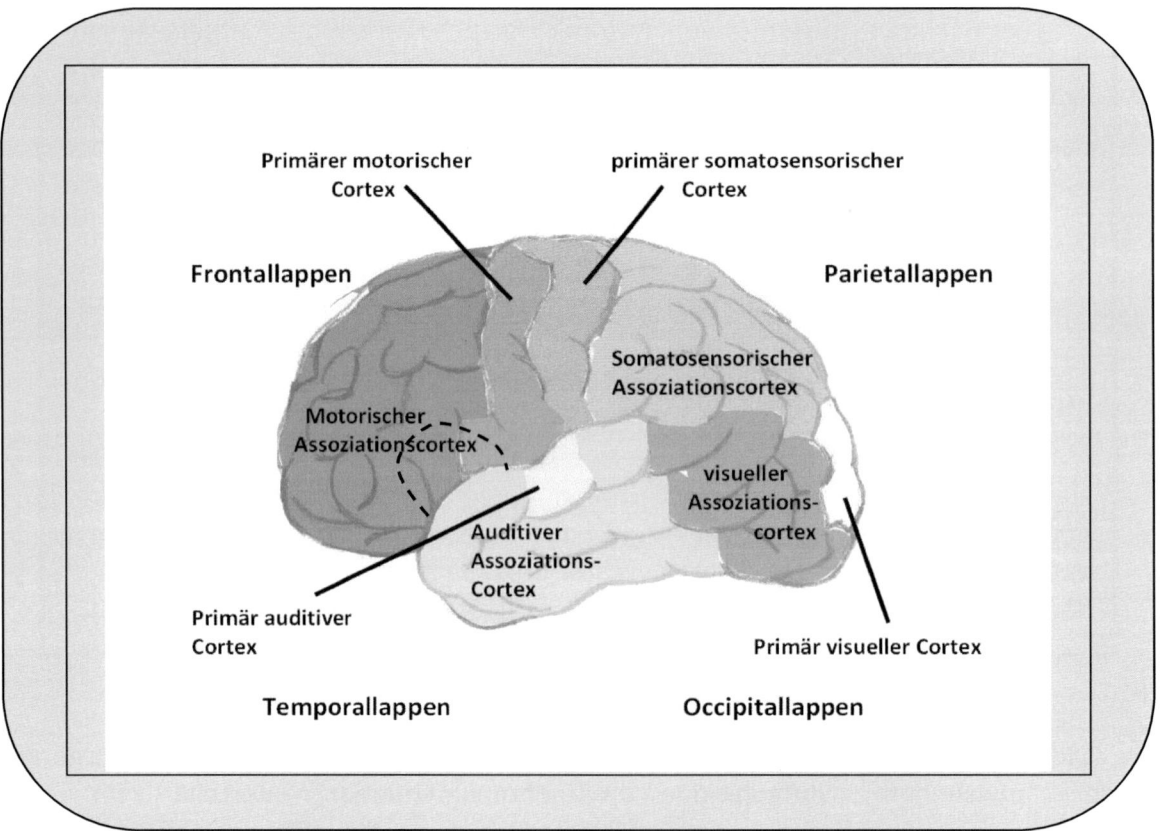

Abbildung 10:
Die vier Lappen der Großhirnrinde (Cortex) mit Broca-Areal (gestrichelte Linie an der Grenze zwischen motorischem und auditivem Assoziations-Cortex; modifiziert nach Czak, Grafe, Heubrock, Kranz & Palkies, 2009, S. 15).

Infokasten „Störungen nach einer Schädigung des Broca-Areals" (modifiziert nach Czak, Grafe, Heubrock, Kranz & Palkies, 2009)

Bei einer Schädigung des Broca-Areals, beispielsweise durch einen Schlaganfall oder ein Schädel-Hirn-Trauma, tritt sowohl eine Störung der Willkürmotorik (ideomotorische bzw. ideokinetische Apraxie) als auch eine spezifische Sprachstörung (Broca-Aphasie) auf:

- Im Bereich der *Motorik* zeigen sich falsche Ausdrucksbewegungen und Gesten. Ausdrucksformen werden falsch verwendet und Handlungsabläufe können nicht mehr nachgeahmt werden. Sichtbar wird diese Apraxie-Form vor allem bei der Aufforderung zum pantomimischen Imitieren.

- Im Bereich der *Sprache* fällt auf, dass die Betroffenen nur unter großer Anstrengung sprechen und dabei nur kurze, telegrammstilartige Äußerungen produzieren. Die erhebliche Sprechanstrengung zeigt, dass die motorische Komponente der Sprachproduktion betroffen ist. Oft leiden sie zusätzlich auch unter Wortfindungsstörungen („Wie nennt man das noch? Ähm, was zum Wegfahren halt").

Wie eng Gedanken, deren sprachlicher Ausdruck und Gesten miteinander verbunden sind, zeigt eine Einteilung von Gesten von McNeill (1992), der damit auch deren gemeinsame Ausrichtung auf ein Aussageziel betont und das Zusammenwirken von verbaler und nonverbaler Kommunikation besonders deutlich werden lässt (siehe Abb. 11). Genau diese Zusammengehörigkeit von (verborgenen) Gedanken, sprachlichen Äußerungen und Gesten hat dazu geführt, von den hör- und sichtbaren Kommunikationselementen auf die zugrunde liegenden („geheimen") Gedanken einer Person schließen, d.h. deren Gedanken „lesen" zu wollen.

Deiktische Gesten	zeigende Gesten	„hier", „dort", „ich", „du"
Ikonische Gesten	bildhaft-räumliche Darstellungen	„so groß", „so weit weg"
Metaphorische Gesten	Gesten zur Vergegenständlichung abstrakter Ideen	Abwägen mit den Händen = Kompromiss oder Gerechtigkeit
Schlag-Gesten („beats")	an den Sprechrhythmus gekoppelt	auf das Pult klopfen beim Argumentieren

Abbildung 11:
Mc Neills (1992) Kategorisierung von Gesten (nach Palkies, 2009).

Diese Einteilung von Gesten ist zwar theoretisch interessant, für eine Anwendung in der polizeilichen Vernehmung aber nur bedingt geeignet. Viel versprechender und in der Vernehmungspsychologie bereits angewandt (vgl. Heubrock & Palkies, 2008) ist dagegen ein Ansatz, der von einer Arbeitsgruppe um den Emotionspsychologen Ekman entwickelt wurde und der die *affektive Bedeutung* und die *soziale Interpretation* von Gesten hervorhebt (Ekman, 2007; Ekman & Friesen, 1969; 2003; siehe Abb. 12). In der Kategorisierung von Gesten unterscheiden Ekman und Friesen Embleme, Illustratoren, Regulatoren, Affektdarstellungen und Adaptoren bzw. Manipulatoren (siehe Abb. 12).

Embleme	konventionelle Zeichen, die verbale Äußerungen ersetzen können	Vogel zeigen, Daumen hoch
Illustratoren	begleiten und verdeutlichen eine verbale Äußerung	Zeigegesten
Regulatoren	regeln die Interaktion zwischen den Gesprächspartnern	Kopfnicken, Blickkontakt, Berührung, Distanz
Affektdarstellungen	teils spontane, teils konventionalisierte Gefühlsausdrücke	Faust ballen, Lachen, Körperhaltung
Adaptoren (Manipulatoren)	meist unbewusste Verhaltensweisen, die der Erregungsabfuhr dienen	„nesteln", Hand-Hals-Gesten, Hände kneten

Abbildung 12:

Kategorisierung von Gesten nach Ekman & Friesen (1969; modifiziert nach Heubrock & Palkies, 2008, S. 604, und Heubrock, Immerini, Mengeringhausen & Palkies, 2009, S. 84).

In der Einteilung von Ekman und Friesen (1969) haben Embleme und Illustratoren eine die Sprache ersetzende oder eine sprachbegleitende Funktion, diese Gesten sollen bestimmte Aspekte des Aussageinhaltes hervorheben, unterstreichen oder verstärken. So verständigen sich Taucher durch Emblem-Gesten, ohne unter Wasser auch nur ein einziges Wort sprechen zu können. Dagegen beziehen sich Regulatoren, Affektdarstellungen und Adaptoren vorwiegend auf den gefühlsmäßigen Aussageinhalt. Sie sind sehr gut geeignet, Erregung und andere psychische Zustände (z.B. Langeweile) auszudrücken und laufen als unbewusste Gesten meist unabhängig von der Sprache ab; sie können dem Gesprochenen sogar „widersprechen", d.h. *ungewollt* aussagefähige Gefühlzustände zum Ausdruck bringen. Im polizeilichen Kontext sollte das Augenmerk deshalb besonders auf den *Adaptoren* (Manipulatoren) und den *Affektdarstellungen* liegen, da diese als interpretationsfähiger Erregungs- oder Täuschungsindikator gelten (Heubrock & Palkies, 2008; siehe Fallbeispiel 1).

Fallbeispiel 1: *Widerspruch zwischen Aussageinhalt und gestischem Ausdruck*

Während einer Beschuldigtenvernehmung wurde ein mutmaßlicher Räuber, dem Überfälle auf Drogeriemärkte zur Last gelegt wurden, unter anderem auch zu der bei den Überfällen als Drohmittel eingesetzten Schusswaffe befragt. Der Beschuldigte äußerte sofort entrüstet, dass er schon deswegen nicht als Täter in Frage kommen könne, weil er überhaupt keine Kenntnisse über Schusswaffen habe. Im selben Moment machte der jedoch mit beiden Händen die sog. Durchlade-Bewegung einer Pistole und bewies hiermit ungewollt seine waffenbezogenen Kenntnisse – der spontane gestische Impuls trat damit in einen enttarnenden Widerspruch zum sprachlich formulierten Aussageinhalt.

Der Unterschied zwischen Adaptoren und Manipulatoren besteht zum einen in ihrer Absicht und zum anderen – damit direkt verbunden – auch im Ausmaß ihrer Bewusstheit: Während Adaptoren unbewusst ausgeführt werden und von der ausführenden Person selbst meist kaum wahrgenommen werden, werden *Manipulatoren* gezielt eingesetzt, um den anderen über die eigene psychische Verfassung zu täuschen. Dies wäre beispielsweise dann der Fall, wenn während einer Vernehmung ein Beschuldigter plötzlich die Hand vor den Mund nimmt um vorzutäuschen, dass er versehentlich etwas Verräterisches gesagt habe, um den Vernehmungsbeamten auf eine falsche Spur zu lenken.

Da Adaptoren der unbewussten Erregungs- oder Spannungsableitung dienen, ist ihr häufiges Auftreten während einer Vernehmung ein Signal, das besonders beachtet werden sollte, vor allem dann, wenn es mit tatrelevanten Inhalten zusammenhängt. Ihre Bezeichnung leitet sich auch aus dieser Funktion ab: Mit Hilfe dieser speziellen Gesten versuchen Menschen, sich an eine Unsicherheit oder Unbehagen (auch Langeweile) auslösende Situation anzupassen, sich zu „adaptieren" (siehe Infokasten „Der Einfluss von Erregung und psychischer Krankheit auf die Gestik").

Infokasten „Der Einfluss von Erregung und psychischer Krankheit auf die Gestik" (nach Wallbott, 1998, 2003; aus Heubrock, Immerini, Mengeringhausen & Palkies, 2009, S. 85)

Für einen engen Zusammenhang zwischen physiologischer und psychischer Erregung einerseits und gestischen Ausdrucksformen sprechen verschiedene Einzelbefunde. Ist ein Redner in enthusiastischer Stimmung oder positiv erregt, nehmen Illustratoren als die Sprache unterstützende Gesten zu, während sie bei negativer Erregung abnehmen. Umgekehrt zeigt sich oft eine Zunahme an Adaptoren bei gleichzeitiger Abnahme von Illustratoren in Täuschungssituationen und beim Lügen. Offenbar scheint das Vorkommen von Adaptoren bei psychischen Erkrankungen unterschiedlich zu sein und von der Art und Schwere der psychischen Störung abzuhängen. Bei schizophrenen Patienten kommen im Vergleich zu anderen mehr kontinuierliche handbezogene Adaptoren vor, während Depressive insgesamt weniger objektbezogene Illustratoren aufweisen. Insgesamt gilt auch aus der Stress-, Arousal- und Emotionsforschung als gesichert, dass sich ein hohes Erregungsniveau generell auf die Frequenz von Illustratoren und Adaptoren auswirkt.

Unter den drei unterscheidbaren Adaptor-Varianten wiederum sind die sog. „Selbstadaptoren" von speziellem Interesse, da deren Bedeutung gut bekannt ist und deshalb auch zuverlässig eingeschätzt werden kann (vgl. Scherer & Wallbott, 1979; siehe Infokasten „Adaptor-Varianten").

Infokasten „Adaptor-Varianten"

- *Selbst-Adaptoren*, die sich auf den eigenen Körper beziehen (sich durch das Gesicht streichen, an den Lippen nagen, am Ohrläppchen zupfen),
- *Fremd-Adaptoren*, bei denen Aktivitäten und Manipulationen am Gegenüber vorgenommen werden (z.B. das Entfernen eines imaginären Haares vom Revers) und
- *Objekt-Adaptoren*, bei denen das „Spielen" mit Gegenständen (z.B. mit einer Halskette, das Drehen eines Fingerrings) im Vordergrund steht.

Selbst-Adaptoren können in verschiedenen Erscheinungsweisen auftreten: als Sich-Kratzen, Streichel-, Zupf-, Nestel- oder Nagegesten im Gesicht, an anderen Körperteilen oder auch an der eigenen Kleidung (siehe Abb. 13).

Abbildung 13:
Verschiedene Selbst-Adaptoren bei den Zuhörern einer Vortragsveranstaltung (aus: Heubrock, Immerini, Mengeringhausen & Palkies, 2009, S. 8).

Unter den Selbst-Adaptoren sind die sog. *„Hand-Hals-Gesten"* besonders aufschlussreich, bei denen die Hand zunächst zum Mund geführt und im letzten Moment in eine andere Region des Gesichts, meist an den Hals, umgeleitet wird. Hier finden wir geschlechtstypische Varianten: Männer greifen sich in diesem Fall oft an die Krawatte oder den Hemdkragen, während Frauen meist direkt ihren Hals oder eine Halskette berühren. Diese Geste scheint ein übrig gebliebenes Relikt aus der Kindheit zu sein. Während Kinder sich noch direkt die Hand vor den Mund halten und dies meist auch sprachlich begleiten („Ups"), wenn sie versehentlich etwas Ungewolltes „ausgeplappert" haben oder bei einer Lüge ertappt worden sind, deuten Erwachsene dieselben Gefühle etwas kontrollierter, aber eben immer noch beobachtbar, nur noch an. Auch hier drückt die Hand-Hals-Geste den Impuls aus, sich den Mund „zuhalten" zu wollen, um Informationen zurückzuhalten (vgl. Molcho, 2002). Oft lässt sich diese Absicht dann auch an einem weiteren nicht-sprachlichen Merkmal, den plötzlich zusammengekniffenen Lippen, erkennen (siehe Abb. 14).

Abbildung 14:
Hand-Hals-Geste in der Bedeutung des Etwas-Verbergen-Wollens.

Noch mehr als auf die Gestik achten wir bei einer Vernehmung auf die *Mimik* eines Zeugen oder eines Beschuldigten. Der Gesichtsausdruck gehört ebenso wie die Gestik und die Körperhaltung zum *Bewegungsverhalten*, wodurch bereits ausgedrückt wird, dass auch hier die *zeitliche Dynamik* eine entscheidende Rolle spielt. Tatsächlich fühlen wir uns durch ein unbewegtes und somit „ausdruckslos" wirkendes „Poker-Face" geradezu herausgefordert, die Gedanken des anderen doch noch „lesen" zu können (als inzwischen sprichwörtliches Beispiel einer Mimik, die keinerlei Emotionen erkennen lässt, gilt diejenige des ehemaligen russischen Präsidenten Vladimir Putin; siehe Abb. 15).

Abbildung 15:
Scherzhafte Darstellung der verschiedenen mimisch ausgedrückten Emotionen Putins.

Obwohl die Mimik zu den am besten bewusst kontrollierbaren körpersprachlichen Merkmalen gehört (Schauspieler, die nur zum Schein in andere Rollen schlüpfen und diese überzeugend darstellen können, wurden früher auch „Mimen" genannt), scheint sie in besonderer Weise mit dem Ausdruck von Gefühlen verbunden zu sein. Man erkennt das daran, dass wir Gefühle eines anderen Menschen zunächst in seinem Gesicht „lesen" wollen. Tatsächlich gelingt es – wie das Beispiel Putins veranschaulicht – im Allgemeinen recht gut, den eigenen Gesichtsausdruck zu beherrschen, aber eben nicht immer.

Einige Elemente der Mimik werden durch das autonome Nervensystem gesteuert und sind bewusst überhaupt nicht kontrollierbar; hierzu zählen die Pupillenreaktion und das Erröten (bei großer Freude) oder das Erblassen (bei plötzlichem Schreck). Andere Elemente wiederum werden recht häufig bewusst kontrolliert wie beispielsweise das Lächeln oder das Lachen; manchmal versuchen wir gerade aus taktischen Gründen zu lächeln, selbst wenn uns vom Gefühl her überhaupt nicht danach zumute ist.

Gerade am *Lächeln* wird aber auch deutlich, dass die bewusste Kontrolle der Mimik ihre Grenzen hat. Auch wenn wir uns bewusst um eine starke Selbstbeherrschung unseres Gesichtsausdrucks bemühen, gelingt uns dies nicht immer: Vor allem bei plötzlich auftretenden und sehr starken Gefühlen „entgleiten" uns unsere Gesichtszüge zumindest für wenige Bruchteile von Sekunden (Mikroexpressionen) und lassen in diesem Augenblick die „wahren Gefühle" erkennen (siehe Infokasten „Mikroexpressionen und ihr kriminalpräventiver Nutzen"). Dies wird beim Lächeln beispielsweise dadurch deutlich, dass es sich bei plötzlich auftretenden negativen Gefühlen schlagartig verändert und wie „eingefroren" wirkt.

Infokasten „Mikroexpressionen und ihr kriminalpräventiver Nutzen"
(*modifiziert aus Heubrock & Donzelmann, 2010*)

Mikroexpressionen (*engl.*: microexpressions) sind unwillentliche, flüchtige Veränderungen der Mimik, die
- kaum eine fünftel Sekunde dauern,
- schwer zu unterdrücken sind und
- von untrainierten Menschen kaum wahrgenommen werden können.

Um die zeitlich extrem dynamischen Veränderungen der Mimik überhaupt erkennbar und damit interpretierbar zu machen, haben Ekman, Friesen & Hager (2002) ihre neueste Version eines „Facial Action Coding System" (FACS) als eine internationale Standardklassifikation der mimischen Muskelbewegung im Gesichts- und Kopfbereich veröffentlicht, mit dem anhand der 43 grundlegenden Gesichtsmuskelgruppen jede beliebige Mimik beschrieben werden kann.
Seit 2003 wird dieses Kodierungssystem an den Flughäfen der USA auch als „Frühwarnsystem" zur Entdeckung einreisender Krimineller genutzt, indem die Gesichter der Reisenden analysiert werden. Im Rahmen von SPOT (Screening Passengers through Observation Techniques) beobachtet geschultes Sicherheitspersonal die Mimik der Passagiere, um auffällige Personen zu identifizieren.

Der amerikanische Emotionsforscher Paul Ekman hat viele Jahre seiner wissenschaftlichen Laufbahn damit zugebracht, diejenigen Merkmale herauszufinden, die ein „echtes Lächeln" von einem „falschen Lächeln" unterscheiden und es damit erkennbar zu machen (siehe Infokasten „Das echte und das falsche Lächeln").

Infokasten „Das echte und das falsche Lächeln"

Die Forschungen der Wissenschaftlergruppe um Paul Ekman zur Identifizierung des „echten" (unwillkürlichen) Lächelns („Duchenne-Lächeln") konnten belegen, dass sich echte Emotionen durch eine besondere *Symmetrie der Mimik*, insbesondere des Lächelns auszeichnen; nachgeahmte oder vorgetäuschte Emotionen wirken dagegen aymmetrisch (Ekman, 1988, 2007; Ekman & Friesen, 2003). Dies hängt damit zusammen, dass bei willentlich gesteuerten Gesichtsbewegungen andere Nervenbahnen aktiv werden als bei unwillkürlichen. So sind beim echten bzw. authentischen Lächeln die Gesichtsmuskeln Musculus zygomaticus major und Musculus orbicularis oculi, Pars orbitalis gleichermaßen aktiv, wohingegen dies bei einem unechten Lächeln nicht der Fall ist (vgl. Sobotta, 2000, S. 74ff.). Die auch für den Beobachter erkennbare Asymmetrie im Erscheinungsbild ergibt sich dadurch, dass die Muskeln um die Augenpartie nicht aktiviert und die charakteristischen „Krähenfüße" nicht sichtbar werden. Außerdem konnten Ekman und Friesen in ihren Experimenten nachweisen, dass sich das spontane Lächeln und das imitierte Lächeln in der Dauer und der Variabilität des Ausdruckvermögens deutlich unterscheiden (Ekman & Friesen, 2003).

Das *echte Lächeln* ist meist von hochgezogenen Wangen, kleinen Hautverdickungen und Fältchen unter den Augen (Krähenfüße) sowie dem Senken der Augenbrauen begleitet. Beim vorgetäuschten Lächeln sind die Muskeln rund um die Augen nicht aktiv.

Das Wissen über die Besonderheiten der Mimik sind für die Vernehmung in zwei Richtungen hin interessant: Sie können zum einen als *Indikator*

- für Täuschungsabsichten (während einer Beschuldigtenvernehmung) oder aber
- für besonders starke Gefühle (bei einer Opferzeugenvernehmung) genutzt werden,

sie lassen sich aber auch aktiv *taktisch* einsetzen, um beispielsweise

- einen widerständigen oder dominanten Beschuldigten zu verunsichern oder
- eine extrem ängstliche oder verunsicherte, schweigende Opferzeugin zunehmend zu beruhigen, ohne auf sie einreden zu müssen.

Das Wissen über die vernehmungstaktische Bedeutung der Mimik kann noch umfassender genutzt werden, wenn die Mimik als ein Element der Körpersprache gesehen wird, das seine Wirkung immer erst im Zusammenhang mit weiteren körpersprachlichen Signalen entfalten kann. Mimische Ausdrucksformen sind immer in ein komplexeres Blickverhalten eingebettet und werden meist durch weitere Elemente des Bewegungsverhaltens begleitet.

Dem *Blickverhalten* als übergeordnetem Verhalten kommt in diesem Zusammenhang eine besondere Bedeutung zu, weil es vielleicht am offenkundigsten eine kommunikative Situation bestimmt (Scherer & Wallbott, 1979). Dies trifft vor allem in ihrer Anfangsphase zu, in der eine – wie auch immer geartete - Beziehung noch gar nicht besteht, sondern durch eindeutige körpersprachliche Signale erst hergestellt und abgesichert werden muss. Dies wird besonders durch die Funktionen deutlich, die dem Blickverhalten in der Kommunikationspsychologie zugeschrieben werden (Argyle, 2002; siehe Infokasten „Bedeutung des Blickverhaltens"). Demnach drücken Blicke wahlweise drei grundlegende Dimensionen zwischenmenschlicher Einstellungen aus:
- Zuneigung,
- Dominanz oder
- Drohung.

Infokasten „Bedeutung des Blickverhaltens"

Ein häufigerer Blickkontakt entsteht dann, wenn Menschen sich freundlich gesonnen sind und im Gespräch weitere Signale einer „Belohnung" signalisieren, beispielsweise durch zustimmendes Nicken. Auch Statusunterschiede und eine der Wunsch nach Dominanz beeinflussen das Blickverhalten. Personen, die lange Blicke aussenden, werden als dominanter empfunden. „Sehr wahrscheinlich also dient eine ausgiebige Verwendung des Blickes dazu, eine dominante Beziehung aufzubauen […]" (Argyle, 2002, S. 223). Ein „Anstarren" wird dagegen häufig als Bedrohung empfunden, und löst meist Unsicherheit und Unbehagen aus.
Auch Persönlichkeitsstrukturen und psychische Erkrankungen können sich im Blickverhalten ausdrücken. So sehen extravertierte Personen andere länger und häufiger an als introvertierte Menschen. Autistische Personen zeigen nahezu keinen Blickkontakt, bei schizophrenen und depressiven Menschen ist er meist sehr reduziert (Scherer & Wallbott, 1979).

Gerade die beziehungsdefinierende Bedeutung des Blickverhaltens und die Möglichkeiten, die mit der genauen Beobachtung und dem taktischen Nutzen der Mimik insgesamt verbunden sind, machen deutlich, dass der *Anfangsphase* einer Vernehmung besonders viel Beachtung geschenkt werden sollte.

3. Der Rapport[2]

Nicht nur in fast allen Alltagssituationen, sondern auch in der Vernehmung entscheiden die ersten „Augenblicke" – ein Wort, das die kommunikative Bedeutung des Blickverhaltens sehr schön betont – über den weiteren Fortgang des Geschehens. In einer Beschuldigtenvernehmung können die Sachbeweise und andere Ermittlungsergebnisse aus der Sicht des Vernehmungsbeamten noch so überzeugend sein, eine kooperative „Arbeitsbeziehung" mit dem Beschuldigten wird sich dennoch sehr holperig und mühsam gestalten, wenn das Verhalten des Vernehmungsbeamten die kommunikativen Grundregeln ignoriert.

Diese erste Phase des Beziehungsaufbaus wird in der Vernehmungspsychologie *Rapport* genannt (siehe auch Infokasten „Der Rapport").

Infokasten „Der Rapport"

Der aus dem Französischen stammende Begriff „Rapport" hat von der Textiltechnik bis zur Psychotherapie in unterschiedlichen Bedeutungen Eingang in die Fach- und Alltagssprache gefunden. In seiner allgemeinen Bedeutung als „Bericht" oder „dienstliche Meldung" (man wird „zum Rapport bestellt" - mit meist gedanklich vorweg genommenen unangenehmen Konsequenzen) schwingt hierbei meist leider eine überwiegend negative Bedeutung mit, die seine positive kommunikationspsychologische Bedeutung überlagert. Als Rapport wird hier wie auch in der Psychotherapie, vor allem in der Hypnotherapie und im Neurolinguistischen Programmieren (NLP), ein Prozess der Bezogenheit von Menschen aufeinander verstanden, der sich auf allen Kommunikationsebenen (verbal und nonverbal) ausdrückt. Es handelt sich also um eine *frühe Phase des Beziehungsaufbaus* und der Beziehungsgestaltung zwischen Menschen, wie sie auch in polizeilichen Routinehandlungen, beispielsweise bei der Vernehmung, bei der Deeskalation von häuslicher Gewalt, bei der Gefährderansprache oder bei Verhandlungen mit Geiselnehmern oder suizidalen Personen vorkommt (vgl. Biller, Heubrock, Magdeburg, Palkies, Rossmanek & Witt, 2009; Heubrock, 2009).

Da das Gelingen der Rapport-Phase in einer längeren polizeilichen Kommunikation meist entscheidend zum Erfolg des Einsatzziels beiträgt, handelt es sich um ein polizeipsychologisch hoch bedeutsames Kommunikationsmittel, dessen Anwendung jedoch nicht voraussetzungslos gelingt. Die Erfahrungen aus vielen Schulungen in polizeilicher und staatsanwaltschaftlicher Vernehmungs- und Verhandlungstechnik haben gezeigt, dass die Bedeutung der Rapport-Phase zunächst oft unterschätzt und mitunter sogar als

---

[2] Teile dieses Abschnitts wurden in gekürzter Form in der Zeitschrift „Kriminalistik" veröffentlicht (Heubrock & Palkies, 2008). Wir danken dem Kriminalistik-Verlag für die freundliche Genehmigung zur Verwendung des Manuskripts. Passagen mit wörtlicher Wiedergabe werden nicht separat als Zitat gekennzeichnet.

„Zeitverschwendung" vernachlässigt wird. Nicht selten demonstriert aber die gemeinsame Analyse von Videovernehmungen und Verhaltensübungen, dass der Rapport das eigentliche „Nadelöhr" einer gelingenden oder auch ungünstig verlaufenden polizeilichen Maßnahme darstellt.

Treten Menschen miteinander in Kontakt, passt sich in der Regel meist unbewusst ihre verbale und nonverbale Kommunikation einander an (*Synchronisation*). Sprachlich äußert sich dies in der Verwendung ähnlicher Worte und Redewendungen, gleicher Sprechgeschwindigkeit und Tonlage und in angepasster Sprachlautstärke und –rhythmik. Nonverbal zeigt sich eine spontane Synchronisation in einer wechselseitigen zeitversetzten Anpassung von Gestik und Mimik, bei der Bewegungsabläufe oder die Bein- und Armhaltung des jeweils anderen aufgegriffen und „gespiegelt" werden.

Dieses auch als „intuitives Verstehen" oder „emotionale Resonanz" bezeichnete Verhalten hat ihre Grundlage in der Fähigkeit, Gefühle, Motive und Absichten anderer Menschen unmittelbar erkennen und einschätzen zu können, selbst wenn diese (noch) nicht sprachlich mitgeteilt wurden oder aber – etwa in einer Beschuldigtenvernehmung - gar nicht mitgeteilt werden sollen (vgl. Bauer, 2005; Gigerenzer, 2007; Rizzolatti & Sinigaglia, 2009). Auch im polizeilichen Alltag werden derartige Resonanz- oder Spiegelphänomene zu Präventivzwecken genutzt, wenn etwa Personenschutzbeamte sich auch inmitten einer großen Menschenmenge intuitiv auf diejenigen Einzelpersonen konzentrieren, denen sie (im Unterschied zu allen anderen) eine potenzielle Bedrohung zuschreiben oder wenn Polizeibeamte bei Routinekontrollen Maßnahmen der Eigensicherung unterschiedlich ernst nehmen („Gefahrenradar", vgl. Füllgrabe, 2006). Kennzeichnend für derartige polizeirelevante Resonanzphänomene ist es, dass sie kaum erklärt werden können und meist mit „Erfahrung", „Intuition" oder einer „Ahnung" begründet werden (siehe Infokasten „Nonverbale Warnsignale von Attentätern in der Vortatphase").

Infokasten „Nonverbale Warnsignale von Attentätern in der Vortatphase"

Tatsächlich konnten wir in eigenen Experimenten mit Personenschützern zeigen, dass hier eine unbewusste, aber hocheffektive Analyse stattfindet, bei der die bedrohungsrelevanten nonverbalen Signale des anderen blitzschnell und zuverlässig erkannt werden und das eigene Handeln steuern (Heubrock, Kindermann, Palkies & Röhrs, 2009b).

Unsere Experimente konnten die Annahme bestätigen, dass „Attentäter" ein charakteristisches Verhaltensmuster zeigen, dass sich aus einer typischen Mischung aus komplexeren Handlungsweisen und einzelnen Gesten (Adaptoren und Affektdarstellungen) zusammensetzt. Aus dem Bemühen, ein besonders unauffälliges Verhalten zu zeigen, und als unbewusst wirksame Stress-Signale kommt es zu einer Kombination aus mimischen und gestischen Einzelhandlungen und Handlungsfolgen, die sich von dem situationsangepassten Verhalten aller anderen Personen der Umgebung unterscheidet (Heubrock, Immerini, Mengeringhausen & Palkies, 2009; Heubrock, Kindermann, Palkies & Röhrs, 2009a; Heubrock & Palkies, 2009b). Bei entsprechender Aufmerksamkeit und nach Schulungen werden diese „Frühwarnsignale" von Personenschützern zuverlässig erkannt.

Der Rapport kann als eine spezielle Variante intuitiver Resonanzphänomene gesehen werden, wobei hier allerdings die Absicht eine andere ist: Während Personenschützer und Streifenbeamte keine direkte oder nur eine kurze funktionale Beziehung mit Bürgern und Bedrohern eingehen, soll der Rapport in der Vernehmung dazu beitragen, eine *tragfähige Arbeitsbeziehung* herzustellen und auch emotional abzusichern. Hierzu ist es zusätzlich erforderlich, nicht nur die verbalen und nonverbalen Signale des Anderen richtig zu deuten, sondern auch das *eigene* (körper-) sprachliche Verhalten gezielt zu *kontrollieren*, um im Verlauf der wechselseitigen Synchronisation („*taktisches Synchronisieren*") zunehmend die *Führung* übernehmen zu können.

Diese Spiegeltechnik wird als „Pacing" (Schritt halten) bezeichnet und verfolgt das Ziel, eine Vertrauensbasis zwischen den Beteiligten zu schaffen, um schrittweise die Führung („Leading") der Vernehmung zu übernehmen. Hierbei ist zu beachten, dass eine Spiegelung der Bewegungsabläufe keine bloße Imitation darstellen darf, da dies vom Gegenüber schnell erkannt wird und zu negativen Interpretationen führt.

In der Vernehmung lässt sich ein guter Rapport über folgende Maßnahmen herstellen:

- das *Personalisieren* (sich selbst vorstellen und den Zeugen mit seinem Namen anreden),
- ein *Vorgespräch* über ein neutrales Thema,
- Schilderungen des Ereignisses und der emotionalen Betroffenheit aus der Sicht des *Zeugen* sowie
- eine insgesamt empathische, Verständnis vermittelnde *Gesprächsführung* und
- das Umsetzen eines förderlichen und in sich stimmigen, authentischen *nonverbalen Verhaltens*.

In der Beschuldigtenvernehmung ist der Rapport ein taktisches Kommunikationsmittel, das auf der Beziehungsebene sicherstellen soll, was auf der kriminalistischen Ermittlungs- (Inhalts-) Ebene erreicht werden kann. Hinzu kommt allerdings noch eine zweite, ebenfalls oft unterschätzte Bedeutung einer (längeren) Rapportphase in der Beschuldigtenvernehmung: die Möglichkeit, das nonverbale Verhalten des Beschuldigten eingehend zu beobachten, um Veränderungen zutreffend deuten und taktisch gezielt nutzen zu können.

Ein häufiges Missverständnis bei der Beurteilung des Wahrheitsgehaltes einer Aussage besteht darin, dass man sich – bezogen auf das nichtsprachliche Verhalten des Beschuldigten - an allgemeingültigen „nonverbalen Warnsignalen" (Hermanutz, Litzcke & Kroll, 2005) orientieren könne, die eine „Wahrheitsfindung durch Körpersprache" (Habschick, 2006) ermöglichen würden. Auch wenn Lügen bei den allermeisten Menschen zu unbewussten physiologischen Reaktionen führen und dem Lügen sogar vorausgehen, so sind diese Reaktionen des autonomen Nervensystems (z.B. die Pupillenerweiterung, ein „falsches Lächeln" oder eine Veränderung der Stimmlage und –rhythmik) entweder vernehmungstaktisch kaum oder bestenfalls nach intensiven Schulungen verwendbar oder aber als unspezifische Stressmerkmale inhaltlich nicht interpretierbar. So weisen auch

Hermanutz, Litzcke und Kroll (2006) darauf hin, dass insbesondere zu Beginn einer Vernehmung diese Merkmale keinerlei Aussagekraft haben. Vielmehr muss in einer längeren Rapportphase zunächst das individuelle Basisverhalten des Beschuldigten genau beobachtet werden, um spätere *Veränderungen mehrerer Merkmale* in Bezug auf die in der Vernehmung angesprochenen Themen deuten zu können. Sie verdeutlichen dies anhand des sich im Vernehmungsverlauf verändernden Verhältnisses von zeigenden Gesten („Illustratoren") und solchen, die Rückschlüsse auf die emotionale Befindlichkeit des Beschuldigten erlauben („Adaptoren"; siehe Abb. 16).

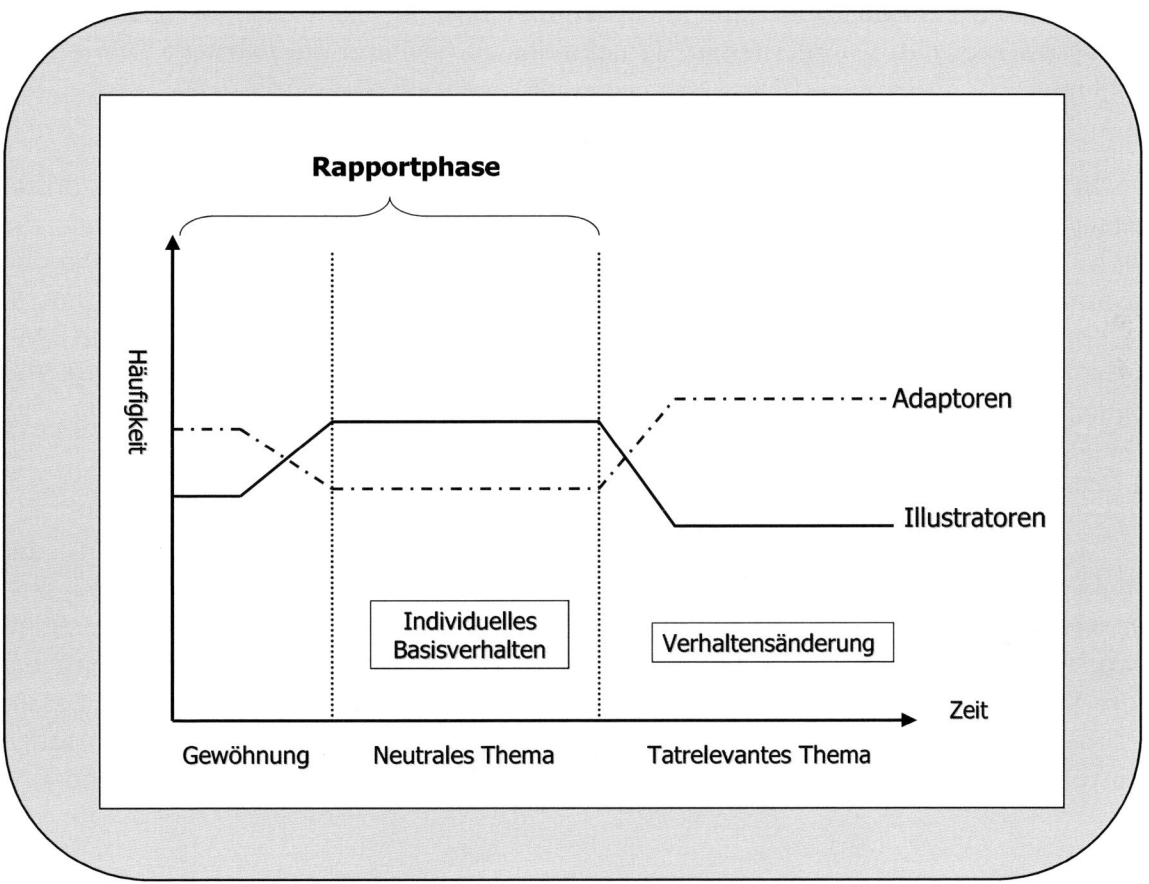

Abbildung 16:
Illustratoren und Adaptoren in der Vernehmung (modifiziert nach Hermanutz, Litzcke & Kroll, 2005).

Tatsächlich lassen sich hinsichtlich der Gestik eines Beschuldigten oder Zeugen aber nicht nur Illustratoren und Adaptoren, sondern neben anderen nonverbalen Gesten auch die sog. *„Regulatoren"* beobachten (siehe erneut Abb. 12), die insbesondere der Beziehungsförderung während der Aussage dienen.

Regulatoren	regeln die Interaktion zwischen den Gesprächs-partnern	Kopfnicken, Blickkontakt, Berührung, Nähe/Distanz

Gerade die Regulatoren sind – in Verbindung mit dem „aktiven Zuhören" – hervorragend geeignet, während einer Vernehmung zunehmend die *taktische Führung* zu übernehmen.

In der Beschuldigtenvernehmung kommt der Rapportphase aber noch eine dritte, kriminalistisch hochbedeutsame Funktion zu: das Erkennen der potenziellen Motive, die einen zu Recht Beschuldigten daran hindern, während der polizeilichen Vernehmung umfassende und wahrheitsgetreue Aussagen zu machen (Brockmann & Chedor, 1999, S. 77ff.). Diese auch als *„individuellen Nutzenstruktur"* bezeichneten Motive für eine Aussageverweigerung, für Täuschungen oder – bei taktische geschicktem Beachten der individuellen Motivlage – einer Einlassung des Beschuldigten werden im Kapitel über die Beschuldigtenvernehmung ausführlich behandelt.

Während Hinderungsgründe für eine wahrheitsgetreue Aussage in der Beschuldigtenvernehmung geradezu unterstellt werden, werden diese bei *Zeugenvernehmungen* nicht immer erkannt und vermutlich noch seltener berücksichtigt. Gerade in denjenigen Fällen, in denen Zeugen nach vorheriger Aussagebereitschaft die weitere Kooperation verweigern oder aber umgekehrt geradezu appellativ weitere Details bei zukünftigen Vernehmungen in Aussicht stellen, kann eine hinreichend lange Rapportphase die Gründe für dieses Zeugenverhalten erhellen (siehe Fallbeispiele 2 und 3).

Fallbeispiel 2: *Auffälliges Zeugenverhalten durch ein Missverständnis*

Anlässlich einer Videovernehmung einer wichtigen erwachsenen Zeugin weigerte sich diese nach zwei vorangegangenen Vernehmungen, bei denen sie sich als sehr kooperativ gezeigt hatte, in den Funkstreifenwagen einzusteigen und sich zur Polizeidienststelle fahren zu lassen. Es stellte sich heraus, dass man ihr irrtümlich gesagt hatte, sie würde zu einer Hypnose-Vernehmung abgeholt, was bei der Zeugin Angst und Misstrauen bezüglich der Einschätzung ihrer Glaubwürdigkeit bei den vorausgegangenen Zeugenaussagen auslöste. Erst nach einer 20-minütigen Rapportphase, in der über neutrale Themen gesprochen und ihr sprachliches und nicht-sprachliches Verhalten genau beobachtet und aufgegriffen wurde, waren erste Anzeichen einer erneuten Aussagebereitschaft erkennbar, die dann in einer fast zweistündigen Vernehmung taktisch zu einer verwertbaren Aussage geführt werden konnten.

Fallbeispiel 3: *Auffälliges Zeugenverhalten durch eine Verschiebung*

Bei einem heranwachsenden Zeugen, der überraschend angab, sich nach über 10 Jahren plötzlich an die Ereignisse in der Tatnacht einer Kindesentführung einschließlich einer Täterbeschreibung erinnern zu können und der mehrfach darauf hinwies, auch weiterhin zur Verfügung zu stehen und jederzeit erreichbar zu sein, ergab die sprachpsychologische Auswertung der Rapportphase der Vernehmung deutliche Hinweise darauf, dass der Zeuge über Missbrauchsereignisse berichtete, die er zwischenzeitlich selbst erlebt hatte, jedoch auf das damalige Tatgeschehen projizierte. Erst das geschickte Vernehmungsverhalten mit längerer Rapportphase der Vernehmungsbeamtin erlaubte eine sprachpsychologische Analyse, verhinderte das Bearbeiten einer erfolglosen Spurenakte und brachte einen bisher nicht bekannten Missbrauchsfall zur Kenntnis der Polizei.

Gelegentlich wird die Meinung vertreten, dass ein gelungener Rapport zu Beginn einer Beschuldigtenvernehmung spätestens mit der *Belehrung* gestört wird. Entweder müsse man dann „von vorne anfangen" oder aber man könne sich die in diesem Zusammenhang manchmal auch „Vorgespräch" genannte Rapportphase zu diesem Zeitpunkt sparen. Hier liegt ein Missverständnis vor, da „Vorgespräch" und Rapport nicht das gleiche ist.

Der Rapport beginnt bereits mit der Begrüßung des Beschuldigten und ist ein komplexes Kommunikationsverhalten, bei dem die eigene (Körper-) Sprache kontrolliert und alle sprachlichen und nicht-sprachlichen Signale des Beschuldigten, d.h. sein individuelles Basisverhalten, genau beobachtet und taktisch genutzt werden. Das Vorgespräch ist hier lediglich das (neutrale) Thema, das sich nicht auf tatrelevante Aspekte beziehen sollte – schon, um tatrelevante Aussagen vor der Belehrung zu vermeiden. Als Anknüpfungspunkte für das Vorgespräch dienen also situative Bedingungen (z.B. die Ladung, Informationen über die Person oder den Beruf des Beschuldigten, der Ort der Vernehmung, etwa bei Untersuchungshaft) oder aber neutrale Informationen des Vernehmungsbeamten über sich selbst (z.B. seine Funktion in dem Fall). Insbesondere bei Beschuldigten, bei denen eine geringe Kooperationsbereitschaft erwartet wird, können allgemeine Selbstauskünfte des

Vernehmenden eine Ablenkung des Beschuldigten von sich selbst und seiner Verhaltensstrategie bewirken.

Auf der Rapportebene eines derartigen Vorgesprächs wird durch eine zugewandte, nicht bedrängende *Körperhaltung*, einen Interesse ausdrückenden *Blickkontakt* und damit kongruente *paraverbale Signale* (Lautstärke, Sprachrhythmus) die Beziehung hergestellt und gefestigt. Die dann erfolgende Belehrung darf dann *nicht* durch eine Veränderung des eigenen Verhaltens eingeleitet werden („So, …"; „dann wollen wir mal zur Sache kommen", „jetzt mal Spaß beiseite",), sondern erfolgt im gleichen Sprachduktus wie das Vorgespräch.

II Vernehmungstechnik und Frageformen

4. Das (erweiterte) kognitive Interview[3]

Als Vernehmungstechnik wird die *Struktur* und die *Durchführung* der Vernehmung bezeichnet, die – anders als die kommunikativen Elemente – im wesentlichen durch das Ermittlungsziel, die Beweislage und die formalen und juristischen Rahmenbedingungen geprägt sind. Wie die bereits in der Einleitung erwähnten Untersuchungen von Fisher, Geiselman und Raymond (1987) und von George (1991, zit. nach Milne & Bull, 2003) gezeigt haben, können Mängel in der Vernehmungstechnik zu problematischen oder uneffektiven Zeugenaussagen führen und das Ermittlungsziel durchaus gefährden. Aus den Erfahrungen der Untersuchungen zum Vernehmungsverhalten britischer und amerikanischer Polizeibeamter heraus entwickelte die Forschergruppe um Fisher und Geiselman (Fisher, Geiselman & Raymond, 1987; Fisher, Geiselman & Amador, 1989; Geiselman, Fisher, MacKinnon & Holland, 1985) in der Folgezeit eine Vernehmungstechnik, die sie *„Kognitives Interview"* nannte, und die sehr stark durch gedächtnispsychologische Erkenntnisse geprägt war. Das für die Vernehmung von unbeteiligten Zeugen entwickelte Kognitive Interview sollte vor allem dazu beitragen, die *Erinnerungsleistung* der Zeugen durch gezielte Erinnerungshilfen, sog. Mnemotechniken, zu verbessern.

Die ursprüngliche Variante des Kognitiven Interviews bestand aus derartigen Mnemotechniken, die zunächst nach Belieben in die Vernehmung eingebaut werden konnten:

- „Berichten Sie alles!"
- Rekonstruieren des Wahrnehmungskontexts
- „Erinnern Sie sich an die Ereignisse in umgekehrter Reihenfolge!"
- „Wechseln Sie die Perspektive!"
- Andere Abrufhilfen

Mit der ersten Technik sollte der aus Beobachtungen gewonnenen Tendenz vieler Vernehmungsbeamter entgegen gewirkt werden, von Beginn der Vernehmung an gezielte Fragen an den Zeugen zu richten. Zum einen „verführt" der Frage-Antwort-Modus einer Vernehmung zu geschlossenen und Suggestiv-Fragen, zum anderen werden aber vor allem Wahrnehmungen, nach denen der Vernehmungsbeamte aus Unkenntnis der wirklichen Situation gar nicht erst gefragt hat, vom Zeugen nicht mehr spontan erwähnt. Die Aufforderung, *alles* zu berichten, kann natürlich zu einem weitschweifigen Bericht des Zeugen mit vielen unwesentlichen Details führen, wissenschaftliche Auswertungen haben aber ergeben, dass der freie Bericht neben vielen unwesentlichen Details auch deutlich mehr

---

[3] Als Grundlage für dieses Kapitel wurde das Schulungsmaterial herangezogen, das der Verfasser für Vernehmungs-Lehrgänge, zunächst am Bildungsinstitut der Polizei Niedersachsen (BIPNI), später an der Polizeiakademie (PA) Niedersachsen, entwickelt hat. Seit 2005 wurden über 30 Vernehmungs-Lehrgänge durchgeführt (Heubrock, 2005), die zeitweise von einer Hilfskraft des Instituts für Rechtspsychologie der Universität Bremen protokolliert und in einer unveröffentlichten Diplomarbeit (Palkies, 2009) zusammengefasst wurden. Der Verfasser dankt Herrn KHK Dietmar Seibert für die hervorragende Kooperation bei den Lehrgängen.

relevante Wahrnehmungen enthält als eine Vernehmung im Frage-Antwort-Modus (vgl. hierzu zusammenfassend Dando & Milne, 2009; Milne & Bull, 2003).

Das gedankliche („mentale") *Rekonstruieren des Wahrnehmungskontextes* macht sich gedächtnispsychologische Erkenntnisse zunutze, denen zufolge ein Zeuge sich besser an Details eines komplexen Geschehens erinnern kann, wenn er sich in die Ausgangssituation wieder hineinversetzt hat. Diese Mnemotechnik ersetzt – mit deutlich weniger Aufwand – die früher übliche Methode, mit einem Zeugen den damaligen Geschehensort (z.B. eine Straßenkreuzung, eine Einkaufszone usw.) tatsächlich aufzusuchen (siehe Fallbeispiel 4). Diese Technik nutzt auch eine neuere Erkenntnis aus der gedächtnispsychologischen Grundlagenforschung, der zufolge neben einem bestimmten Ereignis auch sog. Kontextinformationen, d.h. bestimmte Sinneseindrücke zum Randgeschehen, mit abgespeichert werden. Eine Gedächtnis"spur" ist also kein fotografisches Abbild des Geschehens, sondern ein komplexes Geflecht vieler einzelner Merkmale, die eine Verbindung zum Kerngeschehen haben. Daher ist es für das Rekonstruieren des Wahrnehmungskontextes entscheidend, den Zeugen zu einer umfassenden Erinnerung an das Geschehen unter Berücksichtigung *aller Sinnesmodalitäten* (sehen, hören, riechen, fühlen und schmecken) zu ermutigen (vgl. auch Hammond, Wagstaff & Cole, 2006).

Fallbeispiel 4: *Erinnerung eines Kriminalbeamten nach über zehn Jahren*

Während eines Lehrgangs berichtete ein teilnehmender Kriminalbeamter über ein eigenes Erlebnis, bei dem er sich nach gut zehn Jahren an das entscheidende Detail nicht mehr erinnern konnte. Er habe alles Mögliche versucht, das damalige Geschehen zu rekonstruieren, habe auch den Ort des Geschehens noch einmal aufgesucht – alles ohne Erfolg.

Der Kripo-Mann befand sich an einem Abend auf dem Weg von seiner Schicht nach Hause, um danach in die Klinik zu seiner Frau zu fahren. In den folgenden Stunden wurde die Geburt des ersten Kindes erwartet und der Beamte war entsprechend aufgeregt. Während der Fahrt nach Hause stellte er fest, dass der Tank fast leer war. Er fuhr zur nächsten Tankstelle, tankte sein Auto voll, ging dann in Richtung Pächterhäuschen, drehte jedoch vor dem Betreten ab, bestieg – ohne zu bezahlen – sein Auto und fuhr davon. Da der Pächter sofort die Kollegen alarmiert hatte, hätte dieses Ereignis beinahe erhebliche berufliche Konsequenzen gehabt. Es blieb dem Polizeibeamten völlig rätselhaft, warum er zwar in Richtung Kasse gegangen war, dann jedoch nicht bezahlt hatte. Auch ein „Ortstermin" und der Versuch einer Rekonstruktion kurz nach dem Ereignis konnten keine Erinnerung an die fehlenden Sekunden auslösen.

Zur Verdeutlichung der Technik des mentalen Rekonstruierens des Wahrnehmungskontextes wurde diese Situation für eine Übung genutzt. Der Beamte wurde gebeten, die Augen zu schließen, sich die damalige Situation, beginnend mit dem Besteigen des Autos nach Dienstschluss, ganz genau vorzustellen und alles laut zu beschreiben, was er „sah". In sehr langsamer „Ablaufgeschwindigkeit" berichtete der Kripo-Beamte den Verlauf der Fahrt, beschrieb seine damals getragene Kleidung und die Gedanken, die ihm damals durch den Kopf gegangen waren. Nach dem Tankvorgang, den er geradezu im Zeitlupentempo beschrieb, sei er dann in Richtung Tankstellenhäuschen gegangen, habe – woran er sich zuvor gar nicht mehr erinnert hatte - eine Hand in die Jackentasche gesteckt, dort einen Papierzettel gefunden, diesen aus der Tasche gezogen und in den links vor der automatischen Tür der Kasse stehenden Abfallkorb geworfen. Danach sei er dann sofort umgekehrt um davonzufahren. In diesem Augenblick hatte der Kriminalbeamte auch blitzartig die Erklärung für sein damaliges Verhalten gefunden: Durch die bevorstehende Geburt des Kindes unkonzentriert, hatte der Zettel in der Jackentasche seinem Gehirn das (falsche) Signal gegeben, dass es sich um den Bezahlbeleg handeln würde, den der Beamte üblicherweise tatsächlich *nach* dem Bezahlen bei dieser Tankstelle immer in den Abfalleimer warf. Für ihn war dies das unbewusste Signal für den Abschluss des Bezahlvorgangs, so dass er nun davonfahren konnte.

Erst das sehr langsame Rekonstruieren des damaligen Wahrnehmungskontextes hatte ihm – nach zehn Jahren - geholfen, sich an den Zettelfund in der Jackentasche wieder zu erinnern und damit die fehlende „Lücke" in der Erinnerung an das Ereignis zu schließen.

Noch wesentlich mehr an gedanklicher Aktivität und Konzentration auf Seiten des Zeugen wird bei den beiden Mnemotechniken *„Abruf in ungekehrter Reihenfolge"* und *„Perspektivenwechsel"* verlangt. Der Hintergedanke hierbei ist, dass einem Zeugen weitere Details eines Geschehens einfallen, wenn er sich der (gelingenden oder eben nicht gelingenden) Erinnerung nicht einfach passiv überlässt, sondern wenn er sich um einen aktiven Abrufversuch bemüht. Unerwartete oder ungewöhnliche Anforderungen sollen – der Theorie nach – die Konzentrationsleistung und den Detailreichtum von Erinnerungen steigern. Man kann sich dies so ähnlich vorstellen wie den sog. „Verfremdungseffekt" im experimentellen bzw. dialektischen Theater Bertolt Brechts, der versucht hat, (historischen) Ereignissen ihre Selbstverständlichkeit zu nehmen, indem er sie aus einer völlig ungewohnten – „verfremdeten" – Perspektive darstellen ließ (siehe auch Infokasten „Der ‚Verfremdungseffekt' bei Bertolt Brecht").

Infokasten „Der ‚Verfremdungseffekt' bei Bertolt Brecht"

Der Verfremdungseffekt soll im Epischen Theater Brechts durch die Anwendung verschiedener Stilmittel dazu beitragen, scheinbar Selbstverständliches zu hinterfragen und dazu in eine kritische, reflektierende Distanz zu treten. Nach Brecht ist es dazu erforderlich, Vertrautes „in einem anderen Licht erscheinen" zu lassen, d.h. es völlig anders darzustellen, als es der Zuschauer erwartet oder gewohnt ist. Brecht selbst definierte es so: „Einen Vorgang oder einen Charakter verfremden heißt zunächst einfach, dem Vorgang oder dem Charakter das Selbstverständliche, Bekannte, Einleuchtende zu nehmen und über ihn Staunen und Neugierde zu erzeugen" (Brecht, 1993).
Dieses „gedankliche Stolpern", auch ein anfänglicher Protest oder Unverständnis, sind nach Brecht die Anfänge einer kritischen und damit gesellschaftsverändernden Grundhaltung. Neben anderen Stilmitteln, z.B.

- Kommentare der Schauspieler,
- Auftritt eines Chors als „Kommentator",
- direkte Ansprache des Publikums,
- Darstellung verschiedener Handlungsalternativen,
- merkwürdige Namen und Bezeichnungen,

verwendete Brecht auch eine Verfremdungstechnik, die dem Abruf in umgekehrter Reihenfolge des Kognitiven Interviews sehr ähnlich ist: eine nicht chronologisch korrekte, sondern eine in Sprüngen und Rückblenden erfolgende Darstellung des Bühnengeschehens.

Die Vorteile eines Abrufs in umgekehrter Reihenfolge können aber zugleich auch sein *Nachteil* sein; die hier geforderte Konzentration und die zusätzliche Anstrengung eines nicht-chronologischen Abrufs überfordert Kinder, kognitiv weniger leistungsfähige oder sehr aufgeregte Zeugen sowie auch ältere Personen, die ihr scheinbares „Versagen" dann auf sich beziehen („ich bin eben kein guter Zeuge") und möglicherweise für weitere Zeugenaussagen nicht mehr motiviert sind.
Eigene Vernehmungserfahrungen legen daher nahe, die Mnemotechnik des Abrufs in umgekehrter Reihenfolge nur in wenigen Einzelfällen anzuwenden:

- Es liegen Anknüpfungstatsachen vor, die *Zweifel an der Glaubhaftigkeit* der Aussagen dieses Zeugen begründen.
- Es besteht der Verdacht, dass ein Beschuldigter oder auch ein Zeuge ein *falsches Alibi* präsentiert hat (das er in der Regel in chronologisch korrekter Reihenfolge konstruiert).
- Das fragliche Geschehen ist in eine Situation eingebettet, die im Leben des Zeugen häufig vorkommt, so dass die Gefahr besteht, dass der Zeuge dieses *Skript* reproduziert und die Besonderheiten des eigentlichen Geschehens dadurch überlagert wird.

Bei der Aufforderung zum *Perspektivenwechsel* wird der Zeuge gebeten, sich in die Wahrnehmungsperspektive einer anderen Person hineinzuversetzen und sich den Ablauf eines Ereignisses aus deren Sicht vorzustellen und zu schildern (Brockmann & Chedor, 1999). Damit wird die Erwartung verbunden, dass dem Zeugen spontan weitere Details einfallen, die er selbst zwar wahrgenommen, zuvor aber noch nicht erwähnt hatte (siehe Fallbeispiel 5).

Fallbeispiel 5: *Perspektivenwechsel einer Raubzeugin*

In diesem fiktiven Fallbeispiel dürfte der Kassierer den Täter während des Überfalls zwar von vorne gesehen haben und er müsste eigentlich eine detaillierte Personenbeschreibung abgeben können. Möglicherweise war der Kassierer aber auch derart geschockt, dass er zu einer verwertbaren Zeugenaussage überhaupt nicht in der Lage ist. Die Zeugin wiederum hat den Täter nur im Profil gesehen, was für ein Phantombild wenig nützlich ist. Durch die Aufforderung zum Perspektivenwechsel („Was könnte der Kassierer gesehen haben?") würde die Zeugin zu einer Beschreibung veranlasst und dabei könnte sich herausstellen, dass sie ihn für einen Moment (z.B. während der Drehung von der Kasse weg in Richtung Tür) doch von vorne wahrgenommen hat.

Auch hier scheinen die *Nachteile* dieser Mnemotechnik zu überwiegen: Alleine die Formulierung des Konjunktivs („könnte") stellt grundsätzlich eine Aufforderung zur *Spekulation* dar, so dass die Technik des Perspektivenwechsels für die Vernehmungspraxis nicht zu empfehlen ist.

Ebenso problembehaftet sind auch die in der ursprünglichen Form des Kognitiven Interviews beschriebenen „anderen Abrufhilfen". Sie entstammen überwiegend der experimentellen gedächtnispsychologischen Forschung, wirken zum Teil sehr umständlich und unnatürlich und werden mittlerweile auch in der Rehabilitation gedächtnisgestörter Menschen nicht mehr eingesetzt.

Demnach bleiben von den ursprünglich vorgeschlagenen Methoden des Kognitiven Interviews für die zeitgemäße Praxis der Zeugenvernehmung die Aufforderung zum freien Bericht, das mentale „Sich-Hinein-Versetzen" in den Wahrnehmungskontext des beobachteten Tatgeschehens und – als Ausnahme in den drei oben genannten Fällen – die Instruktion, das Tatgeschehen in der umgekehrten Reihenfolge zu erinnern und zu beschreiben:

- „Berichten Sie alles!"
- Rekonstruieren des Wahrnehmungskontexts
- [„Erinnern Sie sich an die Ereignisse in umgekehrter Reihenfolge!"]
- ~~„Wechseln Sie die Perspektive!"~~
- ~~Andere Abrufhilfen~~

Seit der Einführung des Kognitiven Interviews in die Praxis der polizeiliche Vernehmung wurden verschiedene Effektivitätsstudien durchgeführt, um die Wirksamkeit dieser Befragungstechnik zu überprüfen (vgl. Dando & Milne, 2009; Milne & Bull, 2003; Hermanutz, Litzcke & Kroll, 2005). Zusammenfassend konnte festgestellt werden, dass mit Hilfe des Kognitiven Interviews

- eine größere Anzahl korrekter Details reproduziert werden kann als bei konventionellen Vernehmungsmethoden und
- eine stärke Differenzierung zwischen wahren und falschen Berichten möglich ist (vgl. Milne & Bull, 2003).

Untersuchungen über die praktische Anwendbarkeit des Kognitiven Interviews haben aber auch ergeben, dass diese Befragungsmethode von Polizeibeamten häufig als zu „zeitintensiv" für die alltägliche Polizeiarbeit eingeschätzt wird (vgl. Croft, 1995; Kebbell et al., 1999). Erfahrungsberichte über Vernehmungstrainings haben hingegen gezeigt, dass das Kognitive Interview nicht wesentlich länger dauert als herkömmliche Vernehmungsmethoden und dass sich aufgrund des hohen Informationsgewinns weitere Nachbefragungen in der Regel erübrigen (vgl. Hermanutz. Litzcke & Kroll, 2005).

Die Beschreibung des Kognitiven Interviews hat deutlich gemacht, dass es sich in seiner ursprünglichen Form um die Anwendung gedächtnispsychologischer Erkenntnisse auf die polizeiliche Vernehmungspraxis handelt. Der sehr technisch anmutende Charakter der einzelnen Methoden spiegelt zum einen den Stand der Gedächtnisforschung der 80-er Jahre wider, er macht aber zum anderen gerade deswegen eine Einbettung in die kommunikative Situation einer Zeugenvernehmung erforderlich. Dies wurde auch von der Forschergruppe um Fisher und Geiselman zunehmend erkannt, so dass die Ursprungs-Version des Kognitiven Interviews in den folgenden Jahren um Elemente eines „Gesprächsmanagements" erweitert wurde (Fisher & Geiselman, 1992). Die daraus entwickelte Struktur wurde hierzulande als *Erweitertes Kognitives Interview (EKI)* bekannt (vgl. Brockmann & Chedor, 1999; Milne und Bull, 2003):

1. **Begrüßung, Personalisieren, Einvernehmen herstellen**
2. **Ziele des Gesprächs erläutern**
   - Konzentrierter Abruf
   - Umfassender Bericht („Berichten Sie alles")
   - Kontrolltransfer
   - Kein Hinzudichten oder Raten
3. **Freies Erinnern**
   - Kontext rekonstruieren
   - Offene Fragen
   - Pausen
   - Nonverbales Verhalten
4. **Befragung**
   - Alles berichten lassen
   - Individuell angepasste Fragen
   - Kein Hinzudichten, kein Raten
   - Unwissen eingestehen
   - Unverständnis zugeben
   - Konzentration
   - Mentale Bilder (Wahrnehmungskontext)
   - Offene und gezielte Fragen
5. **Variation des Abrufvorgangs**
   - Einbeziehen aller Sinnesmodalitäten
   - Reihenfolge verändern
   - Perspektive verändern
6. **Zusammenfassung**
7. **Abschluss**

Obwohl diese um kommunikative Elemente („Gesprächsmanagement") erweiterte Struktur des Kognitiven Interviews sicher einen Fortschritt für die Vernehmungspraxis darstellt, besteht sie in der oben dargestellten und in dieser Form häufig publizierten und gelehrten Form noch immer aus einer eher verwirrenden Mischung aus inhaltlichen, methodischen und metakommunikativen Empfehlungen (siehe Infokasten „Elemente des Erweiterten Kognitiven Interviews"). Außerdem wird das zwingende Erfordernis einer rechtlichen *Belehrung* überhaupt nicht berücksichtigt.

Infokasten „Elemente des Erweiterten Kognitiven Interviews"

Als metakommunikative Elemente lassen sich solche verstehen, die – gewissermaßen aus der „Vogelperspektive" - Aussagen über die Art der (gewünschten) Kommunikation machen. Hierzu gehören im Erweiterten Kognitiven Interview zum Beispiel die Elemente „nonverbales Verhalten", „Unwissen eingestehen" oder „individuell angepasste Fragen". Zweifellos handelt es sich hierbei um wichtige Erinnerungshilfen für den Vernehmungsbeamten, sie müssen aber ebenso flexibel und individuell in jeder Phase der Zeugenvernehmung berücksichtigt werden wie die methodischen Elemente „Einbeziehen aller Sinnesmodalitäten", „Kontext rekonstruieren" oder „offene und gezielte Fragen".

Mit „Kontrolltransfer" ist nach Fisher und Geiselman (1992) gemeint, dass der Vernehmungsbeamte die Kontrolle über den Verlauf der Aussage an den Zeugen abgeben soll, damit dieser auch die Möglichkeit hat, dem freien Bericht seinen eigenen Rhythmus zu geben. Mit dem Stichwort „Pausen" soll gemeint sein, dass der Zeuge bei Überforderung während der Vernehmung Pausen einlegen kann, um sich danach besser konzentrieren zu können. Diese allgemeinen Empfehlungen mögen vielleicht in der einen Zeugenvernehmung angebracht und richtig sein, sie können aber in der nächsten Zeugenvernehmung bereits einen unerwünschten Effekt haben. So sprechen eigene Erfahrungen mit dem taktischen Vernehmungsmittel „Pausen" eher dafür, Pausen in Zeugenvernehmungen in der Regel lieber zu vermeiden, um die entstandene Aussage-Rhythmik nicht zu unterbrechen. Anders kann es sich verhalten, wenn in einer Beschuldigtenvernehmung eine Pause bewusst eingelegt wird, um beispielsweise nach einem gezielten Appell des Vernehmungsbeamten dem Beschuldigten Zeit zu einer nachfolgenden Selbstoffenbarung zu geben.

Wenn wir uns an das einführende Kapitel über die Vernehmung als eine (besondere) Form der Kommunikation erinnern und uns das *dynamische Oszillationsmodell der Kommunikation* erneut vor Augen führen, so wird schnell deutlich, dass die verschiedenen Momente der Kommunikation (Appell und Selbstoffenbarung als Beziehungsaspekt und der Inhaltsaspekt) sich immer wieder dynamisch und stets neu und anders aufeinander zu und voneinander weg bewegen. Dieser Dynamik wird die oben skizzierte Struktur des Erweiterten Kognitiven Interviews allein nicht gerecht, so dass wir eher eine Art „doppelte Buchführung" empfehlen, bei der die formale Struktur einer Vernehmung (mit Variationsmöglichkeiten) als Gliederungsschema weitgehend feststeht und parallel dazu durch die gesamte Variationsbreite kommunikativer Techniken „begleitet" wird.

Als Kommunikationsmittel ist vor allem beim freien Erinnern, aber auch in der anschließenden Befragung, das *Ausreden lassen* und das *aktive Zuhören* von besonderer Bedeutung:

Das *Ausreden lassen* signalisiert dem Zeugen, dass der Vernehmungsbeamte an den Wahrnehmungen und Erinnerungen ernsthaft interessiert ist. Das Ausreden lassen ermutig den Zeugen zu einem freien Bericht und stärk sein Selbstvertrauen, so dass es im weiteren Verlauf meist zu einer detailreicheren Schilderung, einer Zunahme von Illustratoren bei gleichzeitiger Abnahme von Adaptoren und zu nonverbalen und paraverbalen Indikatoren einer selbstsicheren Aussage (Blickkontakt zum Vernehmungsbeamten, Zunahme der Lautstärke der Aussage) kommt.

Das *aktive Zuhören* signalisiert dem Zeugen ebenfalls ein echtes Interesse des Vernehmungsbeamten an der Aussage. Es hilft dem Zeugen, in Bezug auf die Ausführlichkeit und den Rhythmus seiner Aussage sicherer zu werden (siehe Infokasten „Verbale und nonverbale Signale aktiven Zuhörens") und ermuntert den Zeugen, auch dann mit seiner Aussage fortzufahren, wenn er sich über einzelne Details des Geschehens nicht völlig sicher ist.

Infokasten „Verbale und nonverbale Signale aktiven Zuhörens"

Zu den *verbalen Signalen* des aktiven Zuhörens gehören vor allem
- *mentales „Mitgehen"* signalisieren („aha", „mhm"),
- *Ermutigungen* („ja", „ach, jetzt verstehe ich", „aha – so war das"),
- die *Echo-Technik*: die letzte Aussage oder Teile davon werden als Frage wiederholt (z.B. antwortet man auf die Aussage „Er hatte ein großes Gewehr" mit dem Echo „Ein großes Gewehr?"). Dadurch signalisiert der Vernehmungsbeamte nicht nur sein aufmerksames Interesse, sondern regt durch die Gegenfrage den Zeugen gleichzeitig dazu an, diesen Punkt näher auszuführen,
- *Paraphrasieren*: die Schilderungen des Zeugen werden in einer Erzählpause mit eigenen Worten zusammengefasst wiedergegeben. Dadurch können einerseits Missverständnisse sofort aufgezeigt und ausgeräumt werden, andererseits können Unterbrechungen im Erzählfluss damit aufgefangen werden und der Zeuge kann zum Fortfahren angeregt werden. Weitere Formulierungen, die den Erzählfluss auf sanfte Weise aufrechterhalten, sind beispielsweise „und dann", „wie ging es dann weiter?", „was war als nächstes?".

Zu den *nonverbalen Signalen* des aktiven Zuhörens zählen beispielsweise
- eine offene und zugewandte *Sitzhaltung*,
- vertrauensvoller *Blickkontakt*,
- bestätigendes *Nicken*, aber auch
- das *Mitschreiben* wichtiger Informationen.

Ein wichtiges Gestaltungselement dieser Vernehmungsstruktur ist die sog. *„trichterförmige Befragung"*, die immer von einem freien Bericht des Zeugen ausgeht, dem sich erst dann die Befragung mit einer abgestuften Reihenfolge verschiedener Frageformen anschließt.

5. Die trichterförmige Befragung[4]

Streng genommen handelt es sich bei der trichterförmigen Befragung nicht um ein mit dem Erweiterten Kognitiven Interview konkurrierendes Strukturmodell der Vernehmung, sondern um ein didaktisches Modell, das lediglich die *Abfolge des Befragungsteils* der Vernehmung darstellt. Demnach folgt auf den freien Bericht des Zeugen zunächst die Befragung durch den Vernehmungsbeamten und dann eine abschließende Zusammenfassung, die dem Zeugen Gelegenheit zur spontanen Korrektur oder auch zu Ergänzungen der Aussage geben soll (siehe Abb. 17).

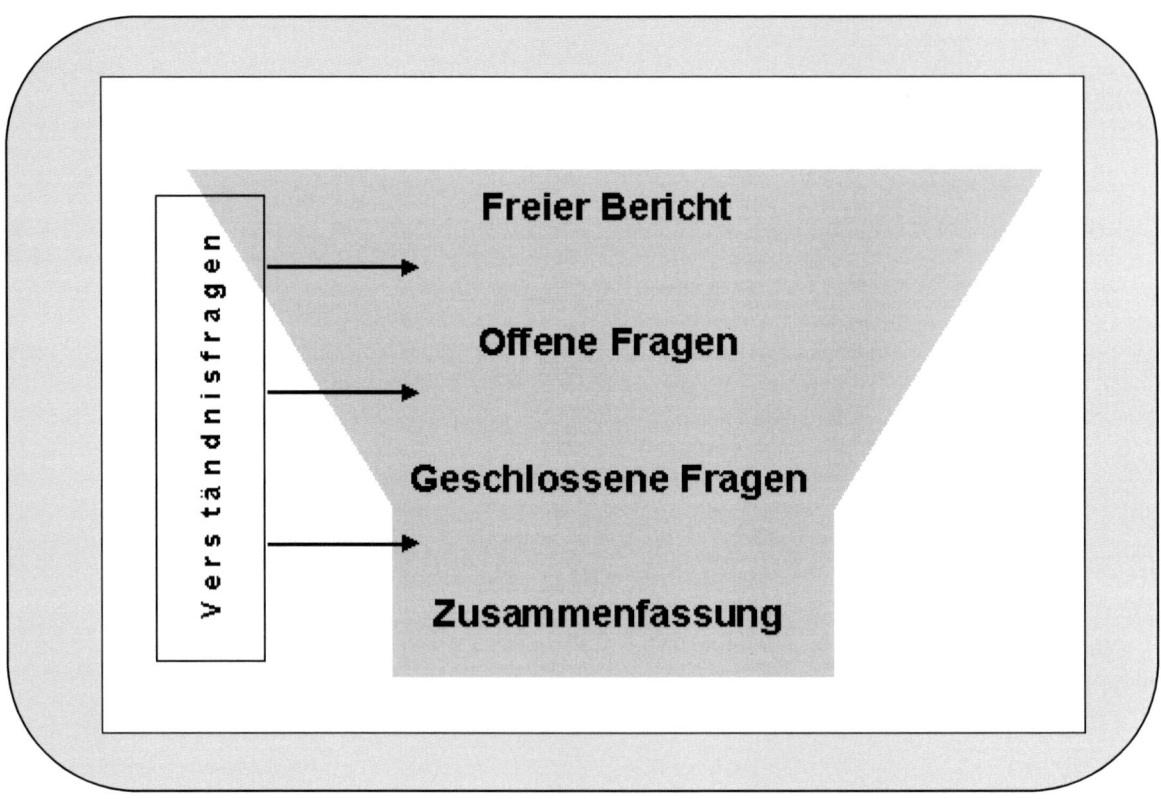

Abbildung 17:
Die trichterförmige Befragung (nach Palkies, 2009).

Der *freie Bericht* zu Beginn der Befragung ist in mehrfacher Hinsicht von entscheidender Bedeutung.

Zum einen haben empirische Untersuchungen eindeutig gezeigt, dass der freie Bericht mehr ermittlungsrelevante Details enthält als durch eine ausschließliche Vernehmung im Frage-Antwort-Modus gewonnen werden können (vgl. hierzu Bull & Milne, 2004; Dando & Milne, 2009; Milne & Bull, 2003). Dafür muss allerdings in Kauf genommen werden, dass der freie

---

[4] Als Grundlage für dieses Kapitel wurde ebenfalls – wie im vorausgegangenen Kapitel - das Schulungsmaterial herangezogen, das der Verfasser für Vernehmungs-Lehrgänge, zunächst am Bildungsinstitut der Polizei Niedersachsen (BIPNI), später an der Polizeiakademie (PA) Niedersachsen, entwickelt hat.

Bericht auch viele unbedeutende Details enthält, die die Geduld des Vernehmungsbeamten durchaus auf eine harte Probe stellen können.

Zum anderen erlaubt nur der freie Bericht, der wörtlich protokolliert oder vom Tonband transkribiert wurde, in der späteren Hauptverhandlung eine Begutachtung der Glaubhaftigkeit dieser Zeugenaussage durch einen Sachverständigen (siehe Infokasten „Merkmale einer glaubhaften Zeugenaussage").

Infokasten „Merkmale einer glaubhaften Zeugenaussage"

Vor allem bei kindlichen Zeugen und bei Sexualdelikten wird die Glaubhaftigkeit einer Zeugenaussage in der Hauptverhandlung durch ein aussagepsychologisches Sachverständigen-Gutachten beurteilt. Dies geschieht unter anderem auch durch eine sog. Merkmalorientierte Aussageanalyse, der die Annahme zugrunde liegt, dass sich eine erlebnisfundierte Aussage von einer durch bewusste Täuschung oder einen Irrtum hervorgerufenen Aussage unterscheidet (vgl. Greuel et al., 1998).

Allgemeine Merkmale	Spezielle Merkmale	Motivationsbezogene Merkmale
Aussageinhalt: • Detailreichtum • Anschaulichkeit • Strukturgleichheit • Logische Konsistenz • Deliktspezifität *Aussageweise:* • Gefühlsbeteiligung • Unstrukturiertheit • Ungesteuertheit	*Schilderung von:* • raum-zeitlichen Verknüpfungen • Interaktionen • Gesprächen • Komplikationen • phänomenorientierten Wahrnehmungen unverstandener Elemente – • Erleben phänomenaler Kausalität • eigenpsychischem Erleben • multimodaler Wahrnehmung • psychischem Erleben beim Beschuldigten • nebensächlichen Details • originellen Details • Aspekten der Beziehungsentwicklung zwischen den Beteiligten • indirekten Handlungsbezügen • Wirklichkeitskontrolle	*Vorbringen von:* • spontanen Aussageverbesserungen • Einwänden gegen die Richtigkeit der eigenen Aussage • Selbstbelastungen • Entlastungen des Beschuldigten • Eingeständnissen von Erinnerungslücken

Betrachtet man diese Kriterien genauer, so wird sehr schnell deutlich, dass sich viele der Merkmale, etwa Detailreichtum, Anschaulichkeit, Interaktionen oder auch nebensächliche Details, ausschließlich in einem freien Bericht des Zeugen wieder finden lassen.

Liegt ein freier Bericht über die Erstvernehmung eines Zeugen nicht vor und kann somit die Glaubhaftigkeit der Zeugenaussage durch ein Sachverständigen-Gutachten nicht beurteilt werden, so kann hierdurch das Ermittlungsziel insgesamt gefährdet sein. Der scheinbare Nachteil nebensächlicher Details muss daher zumindest in Ermittlungsverfahren mit größerer Bedeutung und für die besonders wichtige Erstvernehmung im Hinblick auf die spätere Hauptverhandlung grundsätzlich in Kauf genommen werden.

Der freie Bericht sollte auch durch *Verständnisfragen* nicht unterbrochen werden. Dies gilt selbst dann, wenn sich ein Zeuge – etwa um seine Wichtigkeit zu betonen oder weil er die Vernehmungssituation zu genießen beginnt – im Berufsjargon äußert. Vor allem akademisch ausgebildete Zeugen oder Personen, denen sonst wenig Beachtung geschenkt wird, versuchen nicht selten, die Vernehmungssituation für ihr Bedürfnis nach Beachtung auszunutzen; man kann hier, in Anlehnung an einen eigentlich für die Beschuldigtenvernehmung geprägten Begriff, durchaus auch von einer „individuellen Nutzenstruktur" von Zeugen sprechen. Da diese Zeugen einerseits Aufmerksamkeit erlangen möchten, andererseits Verständnisfragen den freien Bericht unterbrechen würden, empfiehlt es sich in diesen Fällen, durch eine kurze Anmerkung auf die eigenen Verständnisschwierigkeiten einzugehen, ohne diese durch Fragen gleich klären zu wollen.

Vorschlag

„Man merkt gleich, dass Sie sich in Ihrem Beruf (in der Medizin, in der Landwirtschaft, usw.) bestens auskennen. Bei einigen Begriffen komme ich nicht ganz mit, dazu werde ich aber dann nachher noch ein paar Fragen stellen. Berichten Sie erst einmal weiter alles, was Sie damals beobachtet (wahrgenommen, gesehen, festgestellt, usw.) haben!"

Verständnisfragen können in einer Zeugenvernehmung eine inhaltsbezogene und eine beziehungsbezogene Funktion erfüllen, die sich gut miteinander verknüpfen lassen: Sie signalisieren dem Zeugen, dass er für die Ermittlungen eine bedeutsame Rolle spielt und dass sein Expertenwissen wahr- und ernst genommen wurde (Beziehungsaspekt) und sie tragen gleichzeitig dazu bei, mögliche Missverständnisse zu klären (Inhaltsaspekt). In vielen Fällen können als Verständnisfragen „getarnte" offene und geschlossene Fragen nach Details des Tatgeschehens die Kooperationsbereitschaft des Zeugen erhalten und sogar steigern: Der Zeuge fühlt sich dann nicht „ausgefragt" und als „Auskunftsperson", sondern als Partner in einem gemeinsamen Verständnisprozess.

Auch wenn erkennbar wird, dass ein Zeuge sich mit Jargon übertrieben wichtig nehmen möchte, sollte man dies während des freien Berichts nicht thematisieren; vor allem reagieren Zeugen meist extrem widerständig, wenn sie – vielleicht sogar mit Ironie – zurechtgewiesen oder kritisiert werden:

Tabu!

- „Amtssprache ist immer noch Deutsch, nicht Latein!"
- „Vielleicht geht's auch so, dass ich auch etwas davon habe."
- „Wenn ich eine Vorlesung über Medizin hören möchte, sag' ich rechtzeitig Bescheid."

Auch die *Zusammenfassung* zum Schluss der trichterförmigen Befragung erfüllt zugleich einen inhaltlichen und einen auf die Beziehung gerichteten Zweck. Sie enthält nur die für die polizeilichen Ermittlungen besonders relevanten Informationen, beispielsweise die Beschreibung eines Tatverdächtigen oder den chronologischen Ablauf eines Tatgeschehens, und soll vor allem spontane Korrekturen des Zeugen ermöglichen. Der auf die Beziehung gerichtete Zweck der Zusammenfassung besteht darin, dem Zeugen zu signalisieren, dass man seinem Bericht aufmerksam gefolgt ist und ihn darin zu bestätigen, die polizeiliche Arbeit durch seine Aussage unterstützt zu haben. Daher sollte die Zusammenfassung auch nicht in eine erneute Befragung einmünden, sondern lediglich Details klären, die vom Zeugen spontan korrigiert werden. Eine einvernehmliche Zusammenfassung zum Abschluss einer Zeugenaussage kann auch wesentlich dazu beitragen, die Aussagebereitschaft des Zeugen im Fall weiterer erforderlicher Vernehmungen abzusichern.

6. Frageformen und ihre Wirkungen

Die Unterscheidung in „offene" und „geschlossene" Fragen bezieht sich auf den Freiraum, der dem Zeugen zur Verfügung gestellt wird, um Unklarheiten zu beseitigen. In der Regel führen *offene Fragen* zu einer ausführlicheren Antwort des Zeugen. Sie enthalten zwar mehr unbedeutende Details, im Gegenzug aber auch deutlich mehr ermittlungsrelevante Informationen:

- Frau Mustermann, Sie haben den Überfall genau beobachtet. Berichten Sie mir doch einmal, was dort passiert ist!"
- Wie hat der Mann denn ausgesehen, der am letzten Montag in den „Schlecker"-Markt hereingestürmt ist?"
- „Was genau haben Sie hören können, als Sie an der Tür gelauscht haben?"
- „Was ist passiert, nachdem der Täter in den Wagen gesprungen ist?"

Geschlossene Fragen sind in jeder Zeugenvernehmung unvermeidlich, sie sollen dazu beitragen, konkrete Details so genau wie möglich zu ermitteln. Im Unterschied zu offenen Fragen führen geschlossene Fragen zu einer viel kürzeren Antwort des Zeugen. Hierdurch kann eine subjektive Sicherheit der Antwort vorgetäuscht werden, die nicht immer gerechtfertigt ist, so dass man auf die genaue Formulierung des Zeugen achten sollte:

Frage: „Können Sie mir bitte die Farbe des Wagens nennen?"
Antwort: „Ich meine, der wär' so grau gewesen."

In diesem Fallbeispiel drückt die Zeugin durch die Formulierung „ich meine" aus, dass sie sich keineswegs sicher ist, obwohl die Kürze der Antwort auf eine präzise Antwort hinzudeuten scheint. Da nun weitere Nachfragen erforderlich werden, wird hier auch der Nachteil geschlossener Fragen erkennbar: Sie führen letztlich nicht zu dem Zeitgewinn, den man sich von ihnen verspricht.

Zur Verdeutlichung stellen wir den oben aufgeführten offenen Fragen vergleichbare geschlossene Fragen gegenüber:

- „Frau Mustermann, waren die beiden Täter des Überfalls gleich groß oder waren die unterschiedlich groß?"
- „Hatte der Mann, der den „Schlecker"-Markt überfallen hat, eine Baseball-Kappe oder sonst irgendeine Maskierung gehabt?"
- „Konnten Sie hören, dass der Name von dem X gefallen ist, als Sie an der Tür gelauscht haben?"
- „Hat der Täter sich noch einmal umgesehen, nachdem er in den Wagen gesprungen war?"

Nicht selten zeigt sich der Nachteil geschlossener Fragen auch erst in der Hauptverhandlung, wenn beispielsweise ein wörtliches Transkript oder die Videoaufzeichnung einer Vernehmung vorliegt, die durch Prozessbeteiligte kritisch analysiert werden. Ein hoher Anteil an geschlossenen und suggestiv wirkenden Fragen kann dann im Einzelfall sogar dazu führen, dass dem Vernehmungsbeamten der Vorwurf einer Zeugenbeeinflussung gemacht wird (siehe Infokasten „Folgen eines ungünstigen Vernehmungsverhaltens").

Infokasten „Folgen eines ungünstigen Vernehmungsverhaltens".

Gericht rügt Polizeivernehmung vor Vergewaltigungs-Prozess
Hätte dem Angeklagten U-Haft erspart bleiben können?

DELMENHORST (RH). Die Gratwanderung, mutmaßliche Sexualstraftaten im Familienkreis aufzuklären, die schwierige Aufgabe von Ermittlern und der Justiz, machte jetzt ein Verfahren gegen einen 44-jährigen Delmenhorster deutlich.

Am vergangenen Dienstag wurde der Mann vom Oldenburger Landgericht von dem Vorwurf der mehrfachen Vergewaltigung der eigenen Tochter freigesprochen. Vor allem nach den äußerst polizeikritischen Anmerkungen des Richters während der Urteilsbegründung stellten sich Prozessbeobachter die Frage, ob dem Angeklagten bei einer ordnungsgemäßen kriminalistischen Ermittlung seine mehr als sechsmonatige Untersuchungshaft hätte erspart werden können, für die er jetzt entschädigt wird.

Der Vorsitzende Richter kritisierte, dass die zuständige Delmenhorster Kripobeamtin bei der Erstvernehmung der Tochter des Angeklagten mit „zu wenig Abstand" und „zu wenig kritisch" vorgegangen sei. Bemängelt wurde vom Gericht zudem, dass der während der Vernehmung nur zögerlich antwortenden 16-Jährigen nach der Erstschilderung von sexuellen Belästigungen das Wort „Geschlechtsverkehr" von der Beamtin vorgegeben worden sei. Dieser Begriff, als erstes von der Kommissarin „in den Raum gestellt", enthalte in sich bereits einen Geschehensablauf, der anschließend von der Zeugin „mit Phantasie" ausgefüllt werden konnte, so der Richter.

Zwar konnten die Richter ein „gewisses Verständnis" dafür aufbringen, dass die Beamtin bei der Vernehmung der Jugendlichen vielleicht Fragen gestellt hatte, die mit „Ja" oder „Nein" zu beantworten gewesen waren. Damit seien aber Vorgaben gemacht worden, die sich im späteren Prozessverlauf verselbständigen konnten. Nicht vertretbar sei es zudem gewesen, dass die erfahrene Kripobeamtin die Jugendliche nicht allein, sondern im Beisein ihrer Cousine und zugleich besten Freundin vernommen hatte. Dadurch sei die 16-Jährige in eine unnötige Rechtfertigungslage gekommen. „Das hätte nicht passieren dürfen", so der Vorsitzende Richter in seiner Ermittlungsschelte. [...]
(Delmenhorster Kreisblatt, 7. Oktober 2005)

Grundsätzlich lassen sich in einer Zeugenvernehmung geschlossene Fragen überhaupt nicht vermeiden, man sollte aber darauf achten, dass ihr Anteil im Vergleich zu offenen Fragen gering bleibt und dass sie im Anschluss an den freien Bericht gestellt werden. Geschlossene Fragen gelten in der Vernehmungspsychologie aus den genannten Gründen als „problematische Fragen", zu denen auch sog. Vorhalt-Fragen und insbesondere Suggestivfragen gehören (siehe Abb. 18). Hierbei werden als Vorhalt-Fragen solche verstanden, die einen Teil der eigentlich vom Zeugen zu benennenden Informationen bereits vorwegnehmen und als Suggestivfragen solche, die dem Zeugen eine bestimmte Antwort oder Antworttendenz nahe legen (vgl. hierzu auch Hermanutz, Litzcke und Kroll, 2005).

Vorhalt-Fragen mit vorausgesetzten Fakten	„Wohin hat er die *geraubte Beute* gesteckt?"
Fragen, die Wertungen und Beschreibungen enthalten	„Wie schnell ist er *gerannt*, als Sie ihn aus dem Laden *flüchten* sahen?"
Implizierte Erwartungen	„Das Opfer hat doch dann *sicher* um Hilfe gerufen?"
Fragen, in denen ein sozialer Vergleich angestellt wird (Konformitätsdruck)	„Tobias und Timo haben auch gesagt, dass die Türken-Gang angefangen hat. Hast du das nicht *auch* gesehen?"
Fragewiederholungen	*„Sind Sie sich da wirklich sicher?* Hat er das Geld sofort an sich genommen?"
Negatives Feedback	„Das *kann doch nicht sein*, dass Sie das nach ein paar Tagen nicht mehr wissen!"
Drohungen und Versprechungen	„Sobald Du mir gesagt hast, was Du gesehen hast, lasse ich Dich auch in Ruhe. Vorher lasse ich Dich hier nicht gehen!"

Abbildung 18:
Problematische Frageformen (modifiziert nach Brockmann & Chedor, 1999, S. 15).

In zahlreichen Experimenten, die auch durch die Vernehmungspraxis immer wieder bestätigt werden, hat sich gezeigt, dass bestimmte Frageformulierungen die Antwort des Zeugen massiv beeinflussen:

- So dürfte die Frage „Wie schnell ist der LKW in die Kreuzung *reingerauscht*?" zu einer deutlich höheren km/h-Angabe führen als
- die Formulierung „Was schätzen Sie, mit wie viel km/h hat sich der LKW in die Kreuzung *hineingetastet*?"

Die *Anfälligkeit für Suggestionen* ist bei verschiedenen Zeugengruppen unterschiedlich ausgeprägt, sie ist bei Kindern, geistig behinderten oder entwicklungsverzögerten Zeugen und älteren Menschen besonders hoch (vgl. Heubrock, 2008; Regber, 2007), kann sich aber auch bei traumatisierten Opferzeugen oder bei sehr selbstunsicheren und ängstlichen Personen auswirken.

III Die Beschuldigtenvernehmung

7. Rechtliche Grundlagen
8. Psychologische Grundlagen
8.1   „Individuelle Nutzenstruktur" und Aussagebereitschaft
8.2   Beschuldigte mit Migrationshintergrund

7. Rechtliche Grundlagen

Als Beschuldigter gilt eine Person, die verdächtigt wird, eine Straftat begangen zu haben. Wird durch einen begründeten bzw. dringenden Tatverdacht ein Ermittlungsverfahren eingeleitet, so ändert sich der Status vom Verdächtigen hin zum Beschuldigten. Erst im strafrechtlichen Hauptverfahren wird diese Person als Angeklagter bezeichnet (vgl. Mohr, Schimpel & Schröer, 2006).

Die Beschuldigtenvernehmung unterscheidet sich insofern deutlich von einer Zeugenvernehmung, da die Vernehmung eines Beschuldigten zunächst seinen Anspruch auf rechtliches Gehör gewährleisten soll. Daher ergeben sich für den Beschuldigten völlig andere Verfahrensrechte und -pflichten als für den Zeugen. Anders als der Zeuge stellt der Beschuldigte kein förmliches Beweismittel dar, sondern lediglich ein „Beweismittel im weiteren Sinne".

Die Vernehmung soll dem Beschuldigten im Rahmen eines Ermittlungsverfahrens die Gelegenheit eröffnen, sich in einem förmlichen Gespräch hinsichtlich der ihm zur Last gelegten Tat zu äußern und verteidigen zu können. Bei der ersten Vernehmung muss dem Beschuldigten also mitgeteilt werden, welche Tat ihm überhaupt zur Last gelegt wird. Dem Beschuldigten steht es frei, sich zu äußern oder auch nicht zur Sache auszusagen (§ 136 (1) StPO). Er kann jederzeit, auch vor oder während der Vernehmung einen von ihm zu wählenden Rechtsbeistand hinzuziehen und eigene Beweiserhebungen (z.B. Benennung von Alibi-Zeugen) beantragen, die seiner Entlastung dienen. Gemäß §163a IV StPO darf eine Vernehmung grundsätzlich erst *nach erfolgter Belehrung* durchgeführt werden.

Die Gerichtsverwertbarkeit einer Beschuldigtenvernehmung ist an Mindestanforderungen geknüpft, die durch höchstrichterliche Rechtsprechung eindeutig bestimmt worden sind:

- Der Beschuldigte muss über seine Rechte umfassend *belehrt* worden sein,
- es dürfen keine der in § 136a aufgeführten *verbotenen Vernehmungsmethoden* angewandt worden sein, und
- die Vernehmung muss hinreichend *dokumentiert* worden sein.

Verletzungen dieser Voraussetzungen führen grundsätzlich dazu, dass die Vernehmung als Beweismittel nicht zugelassen wird und somit unberücksichtigt bleibt. Stellt sich im Laufe einer Hauptverhandlung beispielsweise heraus, dass die Belehrung des Beschuldigten nicht ordnungsgemäß durchgeführt oder dokumentiert wurde, so kann nicht nur die gesamte vorherige Ermittlungsarbeit vergeblich gewesen sein, sondern entsprechende Presseberichte können zusätzlich einen Schatten auf die Professionalität des Vernehmungsbeamten werfen und dem Ansehen der Polizei insgesamt schaden (siehe Infokasten „Folgen einer unzureichend dokumentierten Belehrung in einer Beschuldigtenvernehmung").

Infokasten „Folgen einer unzureichend dokumentierten Belehrung in einer Beschuldigtenvernehmung"

Freispruch für mutmaßlichen Cannabis-Züchter wegen Patzer

DELMENHORST (RH). Mit einem Freispruch hat gestern ein 47-jähriger Delmenhorster das Amtsgericht verlassen, den die Staatsanwaltschaft beschuldigt hatte, am Rande seines Hauses in Grenzlage zu Ganderkesee eine Cannabis-Plantage angepflanzt zu haben. Dabei war es den Richtern in erster Linie nicht um die Frage gegangen, ob der Familienvater tatsächlich schuldig ist. Vielmehr zogen sie die rechtlichen Konsequenzen aus dem Umstand, dass die ermittelnden Polizisten den 47-jährigen nicht rechtzeitig auf seinen Status als Beschuldigten und seine damit verbundenen Rechte aufmerksam gemacht hatten.

Ende August 2008 hatten Polizisten nach Hinweisen aus der Bevölkerung in einem Graben hinter dem Grundstück des Angeklagten mehr als 20 jeweils einen Mater hohe Cannabispflanzen sichergestellt. Nach der Befragung durch den Verteidiger mussten die beiden Beamten einräumen, dass sie nicht sagen konnten, ob sie die Belehrung über das Schweigerecht sofort oder erst mit einer Verzögerung ausgesprochen hatten. Da sich in den Polizeiakten dazu kein klärender Vermerk fand, gingen die Richter zugunsten des Angeklagten davon dass die Belehrung erst später – und somit zu spät – erfolgt sei.

(Delmenhorster Kreisblatt, 3. September 2009)

Dem Beschuldigten werden in der Strafprozessordnung (StPO) weitgehende Rechte eingeräumt, die ihn vor einer willkürlichen und gegen die Menschenwürde gerichteten Behandlung schützen sollen. Anders als in der Zeugenvernehmung ist der Beschuldigte auch nicht zu wahrheitsgemäßen Angaben verpflichtet - er darf also willentlich lügen, was zumindest zu Beginn einer Beschuldigtenvernehmung sehr häufig vorkommt („ich war's nicht"; „ich hab' mit der ganzen Sache nichts zu tun"). Ob eine derartige Einlassung klug ist, ist allein der taktischen Entscheidung des Beschuldigten überlassen, die in der StPO als *Willensentschließung* und *Willensbetätigung* des Beschuldigten bezeichnet wird. Vernehmungsmethoden, die gegen die Willensentschließung und Willensbetätigung des Beschuldigten gerichtet sind, diese also zu seinem Nachteil beeinflussen können, werden als *verbotene Vernehmungsmethoden* bezeichnet und sind in § 136a StPO näher beschrieben (siehe Infokasten „Verbotene Vernehmungsmethoden (§ 136a StPO)").

Infokasten „Verbotene Vernehmungsmethoden (§ 136a StPO)"

1) Die Freiheit der Willensentschließung und der Willensbetätigung des Beschuldigten darf nicht beeinträchtigt werden durch Misshandlung, durch Ermüdung, durch körperlichen Eingriff, durch Verabreichung von Mitteln, durch Quälerei, durch Täuschung oder durch Hypnose. Zwang darf nur angewandt werden, soweit das Strafverfahrensrecht dies zulässt. Die Drohung mit einer nach seinen Vorschriften unzulässigen Maßnahme und das Versprechen eines gesetzlich nicht vorgesehenen Vorteils sind verboten.

(2) Maßnahmen, die das Erinnerungsvermögen oder die Einsichtsfähigkeit des Beschuldigten beeinträchtigen, sind nicht gestattet.

(3) Das Verbot der Absätze 1 und 2 gilt ohne Rücksicht auf die Einwilligung des Beschuldigten. Aussagen, die unter Verletzung dieses Verbots zustande gekommen sind, dürfen auch dann nicht verwertet werden, wenn der Beschuldigte der Verwertung zustimmt.

Vernehmungspraktisch ist zu beachten, dass diejenigen polizeilichen Maßnahmen, die als verbotene Vernehmungsmethoden gelten und zu einem Verwertungsverbot führen können, in der StPO *nicht erschöpfend aufgezählt* sind und zudem als unbestimmte Rechtsbegriffe aufgeführt werden, die im Einzelfall einer Konkretisierung bedürfen. Letztlich entscheidet sich erst in der jeweiligen Hauptverhandlung, ob eine Vernehmung als Beweismittel im Verfahren zugelassen wird oder aber als nicht gerichtsverwertbar gilt, weil das Gericht zu der Überzeugung gekommen ist, dass verbotene Vernehmungsmethoden zur Anwendung gekommen sind. Während die ständige Rechtsprechung einige Vernehmungsmethoden grundsätzlich den verbotenen Vernehmungsmethoden zuordnet, etwa

- Ermüdung (Dauerverhöre bzw. nach 30 Stunden Schlafentzug),
- Quälerei (andauernde körperliche und seelische Misshandlung),
- Verabreichung von Mitteln (feste, flüssige oder gasförmige Mittel wie Alkohol, Rauschgifte oder sog. „Wahrheitsdrogen"),
- Entzug von Substanzen bei erkennbarer Abhängigkeit,
- Zwang und Drohung (z.B. die Androhung von Folter),

ist die die Unterscheidung zwischen einer (erlaubten) kriminalistischen List und der (verbotenen) Täuschung nicht immer leicht zu treffen. So wird die falsche Behauptung, es lägen hinreichend Sachbeweise vor, die eine Täterschaft des Beschuldigten zweifelsfrei beweisen würden, regelmäßig als verbotene Täuschung zu bewerten sein, während das stumme Blättern in der Ermittlungsakte und ein gemurmeltes „Das sieht aber gar nicht gut für Sie aus" möglicherweise noch als „kriminalistische List" durchgehen könnte. Generell ist der Grat zwischen der erlaubten kriminalistischen List und einer nachträglich als verbotene Vernehmungsmethode eingeschätzten Täuschung sehr schmal.

Häufiger als mit dem Vorwurf verbotener Vernehmungsmethoden wird ein Polizeibeamter in der Hauptverhandlung von Seiten des Angeklagten oder seines Verteidigers damit konfrontiert, er habe die *Belehrung* nicht korrekt durchgeführt oder diese zumindest nicht hinreichend dokumentiert. Besonders kritisch ist dann die Frage, ob die Belehrung in rechtlicher Hinsicht *vollständig* war und zu welchem *Zeitpunkt* sie erfolgt ist. Eine vollständige Belehrung muss nicht nur die Rechte des Beschuldigten in ihrer Gesamtheit umfassen, sondern es muss auch sichergestellt werden, dass der Beschuldigte die Belehrung *verstanden* hat (insofern halten wir einige in der Literatur empfohlene Beispiele für Beschuldigtenbelehrungen für nicht ausreichend und daher für problematisch; siehe z.B. Hermanutz, Litzcke & Kroll, 2005, S. 25; Palkies, 2009, Kasten 6).

Vorschlag

„Herr X., Ihnen wird zur Last gelegt, am … Ihren Nachbarn, Herrn Y., im Verlauf eines Streits angegriffen und ihn dabei schwer verletzt zu haben. Gegen Sie wird deshalb wegen einer Körperverletzung gemäß § 223 des Strafgesetzbuches ermittelt. Sie müssen sich zu diesem Tatvorwurf überhaupt nicht äußern, sie können also dazu schweigen. Sie können jederzeit, jetzt sofort oder aber zu jedem anderen Zeitpunkt, einen Rechtsanwalt hinzuziehen. Sie können aber auch zu dem Tatvorwurf Stellung nehmen und so genannte Beweiserhebungen beantragen, das heißt, sie können zum Beispiel Zeugen benennen, die sie entlasten oder andere Sachverhalte zu Ihrer Entlastung anführen. Haben Sie verstanden, was Ihre Rechte sind? Möchten Sie jetzt dazu etwas sagen?"

Eine besondere rechtliche Situation entsteht in denjenigen Fällen, in denen eine Person zunächst – möglicherweise auch irrtümlich – als Zeuge vernommen worden ist und sich während der Vernehmung ein begründeter oder dringender Tatverdacht ergibt. Da sich nun nicht nur der Status der vernommenen Person vom Zeugen zum Beschuldigten verändert hat, sondern sich daraus auch andere Verfahrensrechte ergeben, ist der Befragte in diesem Fall erneut – nunmehr als Beschuldigter - zu belehren. Außerdem muss er darauf hingewiesen werden, dass seine früheren Aussagen als Zeuge nicht mehr verwertet werden dürfen – es sei denn, er wiederholt sie nach der später und rechtzeitig erfolgten Belehrung als Beschuldigter (sog. *„qualifizierte Belehrung"* oder „erweiterte Belehrung").

Eine in der Praxis nicht selten vorkommende Situation, die eine qualifizierte Belehrung erfordert, besteht dann, wenn ein Beschuldigter spontan, etwa unmittelbar nach der Begrüßung oder während des Vorgesprächs, Angaben zum Sachverhalt macht, bevor er ordnungsgemäß belehrt werden konnte. Diese spontanen Äußerungen dürfen im Rahmen des Ermittlungsverfahrens zwar verwertet werden, eine Befragung durch den Vernehmungsbeamten darf hierzu aber erst nach einer Belehrung erfolgen.

8. Psychologische Grundlagen[5]

8.1 „Individuelle Nutzenstruktur" und Aussagebereitschaft

Verfahrenstaktisch wäre es für jeden zu Recht Beschuldigten am klügsten, von seinem Schweigerecht Gebrauch zu machen und keinerlei Angaben zum Tatvorwurf zu machen. Die Ermittlungsbehörden wären in diesem Fall regelmäßig allein auf Zeugenaussagen und Sachbeweise angewiesen, die spätestens in der Hauptverhandlung erschüttert werden können. Erfahrungsgemäß wird die Schweigetaktik in dieser Konsequenz meist nur von Personen angewandt, deren Delikte der Organisierten Kriminalität zugerechnet werden können oder die hinsichtlich ihres Aussageverhaltens von anderen Beteiligten bedroht worden sind (siehe hierzu das Fallbeispiel 5).

Fallbeispiel 5: *Aussageverweigerung nach ‚Bedrohung' durch ein Gangster-Rap-Video*

Im Zuge polizeilicher Ermittlungen gegen eine Gruppe kurdisch-stämmiger Beschuldigter wegen sog. „ebay-Betruges" und anderer Delikte wurde deutlich, dass einige Zeugen offenbar aus Angst vor Rache die Aussage verweigerten. Wenig später wurde bekannt, dass im Internet ein Gangster-Rap-Video aufgetaucht war, das unter anderem folgende Passagen enthält:

*„[...] hast mit einer Unterschrift unsere Vergangenheit **ausradiert**. Das war ein Fehler und jetzt sind wir Gegner [...].*

denn bei uns ist Schweigen wie Gold, denn Blei kann folgen [...].

dreh' dich draußen lieber zweimal um (...) wenn dein Blut fließt und du zusiehst und genug kriegst.

*[...] ich komme freiwillig in den Knast, nur damit ich an dich rankomme und **dir Blutrache** verpass'. Warte ab, wenn ich deine Hand und deine Zunge krieg, deine Zunge für dein Wort, Deine Hand für die Unterschrift.*

[...] und das was er weiß, weiß auch fast der ganze Knast. Ein paar von den Jungs haben schon lange keine Frau angefasst. Was bleibt Dir heilig auch wenn Du jetzt frei bist – dein Untergang ist Paragraph 31.

[...] wenn ich deine Hand und deine Zuge krieg".

Anmerkung: "Paragraph 31" bezieht sich auf § 31 des Betäubungsmittelgesetzes („Strafmilderung oder Absehen von Strafe"), in dem es heißt:

Das Gericht kann die Strafe nach§ 49 Abs. 1 des Strafgesetzbuches mildern oder,wenn der Täter keine Freiheitsstrafe von mehr als drei Jahren verwirkt hat, von Strafe absehen, wenn der Täter

1. durch freiwillige Offenbarung seines Wissens wesentlich dazu beigetragen hat, dass die Tat über seinen eigenen Tatbeitrag hinaus aufgedeckt werden konnte, oder

2. freiwillig sein Wissen so rechtzeitig einer Dienststelle offenbart, dass Straftaten nach § 29 Abs. 3, § 29a Abs. 1, § 30 Abs. 1, § 30a Abs. 1, von deren Planung er weiß, noch verhindert werden können.

---

[5] Als Grundlage für dieses Kapitel wurde wiederum das Schulungsmaterial herangezogen, das der Verfasser für Vernehmungs-Lehrgänge, zunächst am Bildungsinstitut der Polizei Niedersachsen (BIPNI), später an der

Die meisten Beschuldigten sind – trotz erfolgter Belehrung und trotz Kenntnis ihres Schweigerechtes – zu einer Aussage bereit, obwohl sie sich damit eher schaden als nützen. Daher wird in der Vernehmungspsychologie auch häufig von einer *(individuellen) Nutzenstruktur* (Brockmann & Chedor, 1999) gesprochen, wenn die Motive eines Beschuldigten, zur Sache auszusagen oder aber die Aussage zu verweigern, angesprochen werden (siehe Infokasten „Motivationspsychologische Theorie der individuellen Nutzenstruktur").

Infokasten „Motivationspsychologische Theorie der individuellen Nutzenstruktur "

Das motivationspsychologische Modell der *persönlichen Nutzenmaximierung* basiert auf der Annahme, dass menschliches Verhalten auf rationalen und strategischen Entscheidungen basiert, um individuell maximalen Nutzen zu erzielen (vgl. Heckhausen, 1980; Nerdinger, Blickle & Schaper, 2008). Unter Berücksichtigung und Abwägung verfügbarer Informationen wählt ein Individuum auf der Basis rationaler Analytik die Handlungsalternative aus, die für ihn am vorteilhaftesten ist und den höchsten Gewinn verspricht. Der Ansatz der persönlichen Nutzenmaximierung wird deshalb bei vielen Modellen der Spieltheorie vorausgesetzt (Meyer & Bachmann, 2005). Nach dem Verhaltensmodell des „Homo Oeconomicus" (sog. „Wirtschaftsmensch"; vgl. Nerdinger, Blickle & Schape, 2008) tendiert der Mensch dazu, rein rational und selektiv Entscheidungen zu treffen. Dabei wird jedoch der emotionale und somit irrationale Aspekt menschlichen Verhaltens vernachlässigt. Der erweiterte psychologische Grundsatz der Nutzenmaximierung besagt, dass eine Person immer das Verhalten zeigen wird, das zu einer Befriedigung der momentanen Bedürfnisse führt und außerdem den eigenen Zielen, Wünschen und Wertvorstellungen entspricht (vgl. Brockmann & Chedor, 1999).
Neben allgemeinen Motiven wie das Streben nach Anerkennung, Sicherheit, Macht oder soziale Zugehörigkeit beeinflussen auch situationsbedingte Wünsche und Bedürfnisse eines Menschen dessen Handeln. Dazu zählen elementare Bedürfnisse wie Hunger, Durst, Schlaf, Angst- und Schmerzabwehr (vgl. Maslow, 2002).

Die Annahme einer „individuellen Nutzenstruktur" stellt damit im Grunde eine sehr einfache motivationspsychologische Theorie dar, die zusammengefasst davon ausgeht, dass jeder Mensch

- nur solche Handlungen ausführt, die seinen persönlichen Bedürfnissen, Zielen und Motiven nutzen und
- alle Handlungen vermeidet, die seinen persönlichen Bedürfnissen, Zielen und Motiven entgegen stehen.

Polizeiakademie (PA) Niedersachsen, entwickelt hat. Die Fallbeispiele beruhen auf Ermittlungsunterstützungen für verschiedene MOKOs, SOKOs und Polizeidienststellen in Niedersachsen und Nordrhein-Westfalen.

Auf die Aussagebereitschaft eines Beschuldigten bezogen, bedeutet dies, dass er während der Vernehmung – zumeist zu Beginn der Vernehmung – davon überzeugt werden muss, dass es in seinem Interesse ist, überhaupt zur Sache auszusagen. Dies kann natürlich nur gelingen, wenn der subjektiv empfundene Vorteil einer Aussage im Vergleich zu dem objektiven Vorteil einer Aussageverweigerung im Erleben des Beschuldigten überwiegt. Es wird erkennbar, dass eine derartige *Verschiebung* von der objektiven zur subjektiven Seite der Nutzenstruktur nur gelingen kann,

- wenn ein hinreichend großer Anreiz gegeben werden kann, der sich auf die objektive Lage des Beschuldigten positiv auswirkt (z.B. Haftverschonung) oder
- wenn der Vernehmungsbeamte ein aktuelles subjektives Bedürfnis, ein individuelles (Lebens-) Ziel oder ein verdecktes (und dennoch hochwirksames) Motiv des Beschuldigten erkennt und taktisch in den Vordergrund rückt.

Man kann sich diese beiden Seiten wie eine sog. „Kippfigur" vorstellen, die zwei im Prinzip gleichwertige Elemente oder Objekte enthält. In der Abbildung 19 sind beispielsweise als Objekte sowohl ein Pokal (weiße Fläche) und zwei sich anschauende Gesichter (schwarze Fläche) zu erkennen.

Abbildung 19:
Der „Rubin-Becher" als Kippfigur (vgl. Stadler, Seeger & Raeithel, 1977).

Obwohl beide Elemente gleichzeitig in der Abbildung vorhanden sind, ist die visuelle Wahrnehmung so organisiert, dass eine der beiden Figuren spontan gesehen wird, also in den Vordergrund rückt, während die andere Figur im Hintergrund bleibt – das zugrunde liegende Prinzip wird daher auch *Figur-Hintergrund-Phänomen* genannt. In der Vernehmung muss es nun taktisch gelingen, die gewünschte Figur – in diesem Fall die Bereitschaft zur Aussage – als „Figur" in den Vordergrund und die unerwünschte Reaktion, die Aussageverweigerung, in den Hintergrund zu rücken (siehe Abb. 20).

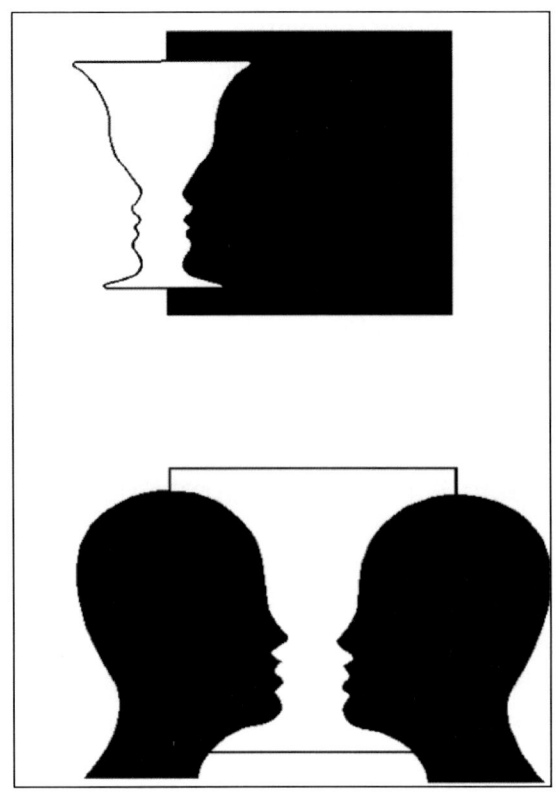

Abbildung 20:
Die beiden „Lösungen" der „Kippfigur": Becher oder zwei Gesichter (vgl. Stadler, Seeger & Raeithel, 1977).

Bei vermutlich zu Recht beschuldigten kann dieses „Kippen" der Wahrnehmung nur gelingen, wenn die *individuelle Nutzenstruktur* des Beschuldigten erkannt und vernehmungstaktisch geschickt genutzt wird. Im Grunde gibt es natürlich genauso viele individuelle „Nutzenstrukturen" wie es zu vernehmende Beschuldigte gibt; es hat sich jedoch eine praktisch brauchbare Gliederung in fünf verschiedene Nutzenstrukturen herauskristallisiert, die sich

- sowohl mit bestimmten *vorherrschenden Persönlichkeitsmerkmalen*
- als auch mit den *vorgeworfenen Delikten*

in Verbindung bringen lässt — sie enthält also gleichzeitig kriminalpsychologische und kriminologisch-kriminalistische Begründungen (siehe Abb. 21).

- **Die Angst vor strafrechtlichen Sanktionen**
  → oft bei Ersttätern, Beamten, Legalwaffenbesitzern

- **Die Angst vor Aberkennung des Sozialstatus**
  → oft bei Sexualdelikten und Akademikern/Managern

- **Schamgefühle und Selbstschutz**
  → oft bei paraphilen Tätern (Pädophile, Zoophile)

- **Das Bedürfnis nach Macht und Dominanz**
  → oft bei Wiederholungstätern und
  Heranwachsenden mit Migrationshintergrund

- **Bilanzierung**
  → oft bei Wirtschaftsstraftaten, Serieneinbrechern

Abbildung 21:
Vernehmungstaktische Nutzenstrukturen, assoziierte Persönlichkeitsmerkmale und Straftaten (modifiziert nach Brockmann & Chedor, 1999).

Da das Verhalten eines Menschen nicht nur durch eine einzige Kraft, ein aktuelles Bedürfnis, ein Motiv, ein Lebensziel, sondern stets durch ein individuelles Bedeutungsgefüge aus *mehreren* Kräften bestimmt wird, kommt es in der Vernehmung darauf an, die in dieser Situation *dominante Nutzenstruktur* zu erkennen.

Auf den ersten Blick sollte man meinen, dass die *Angst vor strafrechtlichen Sanktionen* das immer dominante und eigentlich auch das einzige nachvollziehbare Motiv eines Beschuldigten sein müsste, in einer Vernehmung zu schweigen. Dies muss bei bereits mehrfach verurteilten Straftätern, die sich in der Haft vielleicht sogar eine eigene Infrastruktur „organisiert" haben, aber durchaus nicht der Fall sein. Dieses Motiv dominiert aber oft

- bei Personen, die noch nie mit dem Gesetz in Konflikt geraten sind *(Ersttäter)* und für die eine Verurteilung besonders schlimm wäre oder
- bei *Beamten*, die bei einer Verurteilung in einer bestimmten Höhe ihren Status und Pensionsansprüche verlieren oder
- bei *Berufskraftfahrern*, die – in Abhängigkeit von dem Delikt – auch ihre Fahrerlaubnis verlieren können oder
- bei *Legalwaffenbesitzern* (Sportschützen, Jäger), die zu einer Strafe von mindestens 60 Tagessätzen verurteilt werden können und dann in der Folge auch ihren Waffen- bzw. Jagdschein und ihre Waffenbesitzkarte verlieren würden.

Die Angst vor den eigentlichen strafrechtlichen Folgen kann bei Personen mit einer herausgehobenen gesellschaftlichen Stellung sogar hinter die *Angst vor Aberkennung ihres Sozialstatus* treten. Die Sorge um die erreichte gesellschaftliche Position und um den Verlust ihres Ansehens kann bei politischen (oder anderen) Funktionsträgern, Geistlichen, Akademikern, Managern oder Ärzten dominieren, so dass sie als Beschuldigte dazu neigen,

- die Tat sehr hartnäckig zu *leugnen*,
- sie zu *rationalisieren* oder
- zu *bagatellisieren*.

Auch die Umstände der Vernehmung, beispielsweise die schriftliche Vorladung mit dem Absender-Stempel eines Polizeireviers, oder andere Ermittlungsschritte (z.B. eine Hausdurchsuchung) können diese dominante Nutzenstruktur bereits vor der eigentlichen Vernehmung aktivieren und werden dann meist zu Beginn der Vernehmung angesprochen (siehe Fallbeispiel 6).

Fallbeispiel 6: *Beispiel für die individuelle Nutzenstruktur „Angst vor Aberkennung des Sozialstatus" (modifiziert nach Heubrock & Palkies, 2008, S. 605.)*

Ein Oberstudienrat, dem sexuelle Übergriffe auf Schülerinnen vorgeworfen werden, könnte bereits zu Beginn der Vernehmung, noch vor der Belehrung, versuchen darauf hinzuwirken, dass zukünftige Vorladungen nicht mit „amtlichem Schreiben" zugestellt, sondern nur noch telefonisch vereinbart oder durch neutrale Post versandt werden. So lange der Vernehmungsbeamte hierzu kein Entgegenkommen zeigt, wird sich auch der Beschuldigte unkooperativ zeigen. Um Entgegenkommen zu signalisieren, bietet es sich an, dem Beschuldigten zu überlassen, wie er dieses „Problem" lösen möchte („Was hätten Sie denn für einen Vorschlag, wie wir damit umgehen können?")

In manchen Fällen können Straftaten auch für den Täter mit *Schamgefühlen* verbunden sein. Dies ist vor allem bei

- Sexualstraftaten,
- sexuellen Abweichungen (Paraphilien) und
- häuslicher Gewalt,
- hin und wieder auch bei Stalking oder
- anderen persönlichkeitsuntypischen Delikten (z.B. fortgesetzte Ladendiebstähle bei Kleptomanie)

der Fall. Um eine soziale Ausgrenzung bei einem Bekannt werden der Delikte zu vermeiden, versuchen die betroffenen Beschuldigten zunächst, sehr hartnäckig zu leugnen oder zumindest besonders unangenehme Details zu verschweigen. Häufig findet man aber auch die Strategie,

- *äußeren Umständen* eine Teilschuld zuzuschreiben („Die Frau hat doch vorher ganz heftig mit mir geflirtet, die wollte doch was von mir"),
- zu *bagatellisieren* („ich habe extra darauf geachtet, dass es ihr nicht so weh tut") oder auch
- zu *rationalisieren* („Pädophilie war in früheren Zeiten etwas ganz Normales").

In eine „kommunikative Falle" kann man als Vernehmungsbeamter leicht bei Beschuldigten geraten, deren dominante Nutzenstruktur durch ein *Bedürfnis nach Macht und Dominanz* geprägt ist. Diese Personen demonstrieren eine scheinbare „Mir-kann-keiner-was"-Haltung, indem sie – vor allem gegenüber Vernehmungsbeamtinnen und wenn es sich um Heranwachsende handelt –

- provokante Bemerkungen machen („Könntest auch mal was für Dein Aussehen tun"),
- während der Vernehmung mit dem Handy telefonieren,
- demonstrativ aus dem Fenster sehen,
- vor sich hin lächeln oder
- eine betont breitbeinige Sitzhaltung einnehmen.

Handelt es sich bei dem Beschuldigten um Personen, die es durch ihren sozialen Status gewohnt sind, Macht und Dominanz zu verkörpern, etwa bei Managern oder anderen Führungspersonen, können als Verhaltensweisen

- ein Warten-Lassen oder Zu-Spät-Kommen,
- häufiges Telefonieren während der Vernehmung,
- Hinweise auf die persönliche Bekanntschaft mit Staatsanwälten oder
- herabsetzende Äußerungen („hab' ich auch noch nicht erlebt, mich mit 'nem kleinen Kripo-Kommissar unterhalten zu müssen, ist auch mal 'ne Erfahrung")

vorkommen.

Die „kommunikative Falle" besteht darin, dass man als Vernehmungsbeamter versucht ist, auf Provokationen kontra-dominant zu reagieren, um die vom Beschuldigten hergestellte Asymmetrie der Vernehmungssituation wieder zu korrigieren.

Bilanzierungen findet man häufig bei Beschuldigten, die – wie oft andere Lebensentscheidungen auch – ebenfalls ihre Aussagebereitschaft mit dem Ziel der Schadensminimierung nach dem Kosten-Nutzen-Prinzip kalkulieren. Beschuldigte „Bilanzierer" räumen meist nur diejenigen Taten ein, die ihnen durch Sachbeweise unzweifelhaft nachgewiesen werden können – bei umfangreichen Tatserien auch oft für jede einzelne Tat separat. Diese dominante Nutzenstruktur findet man vorwiegend bei

- erfahrenen Serientätern (Einbruchdiebstahl, Raub, Verstöße gegen das BtMG),
- Wirtschaftsstraftätern,
- Betrug,
- Heiratsschwindel oder
- Unterschlagung.

Vereinzelt wird als „Bilanzierung" auch ein in der Vernehmungspraxis selten vorkommendes Verhalten bezeichnet, bei dem der Beschuldigte, dem eine einzelne Tat vorgehalten wird, unerwartet mehrere weitere Taten (z.B. bei Brandstiftungen) einräumt. Es kommt also zu einer Art „Lebensbeichte", bei der der Beschuldigte eine Bilanz zieht und „reinen Tisch" machen möchte (siehe Fallbeispiel 7).

Fallbeispiel 7: *Beispiel einer Bilanzierung als Leitmotiv eines Beschuldigten*

Ein knapp 20-jähriger Mann stand unter Verdacht, mehrere Brandstiftungen mit erheblichem Sachschaden begangen zu haben. Zeugenaussagen und verschiedene Sachbeweise belasteten den Mann zwar, reichten jedoch nicht als eindeutiger Beweis für seine Schuld. Auch mehrere Vernehmungen ließen die Tatbeteiligung des Beschuldigten anhand markanter Äußerungen zwar erkennen (z.B. „Welche Strafe würde denjenigen denn erwarten?"), führten jedoch zu keinen belastenden Einlassungen. Erst der geschickte Beziehungsaufbau eines Vernehmungsbeamten veranlasste den Beschuldigten zu detaillierten Schilderungen und einem umfangreichen Geständnis. Neben den angeschuldigten Taten berichtete der junge Mann auch glaubhaft über diverse andere Straftaten.

Das Erkennen der dominanten Nutzenstruktur und das nachfolgende systematische Einsetzen der kommunikativen Regeln kann geeignet sein, die Kooperations- und

Aussagebereitschaft eines Beschuldigten zu fördern (siehe die „Empfehlungen zur Beschuldigten-Vernehmung). Dieser kommunikationspsychologische Aspekt ersetzt damit keinesfalls sorgfältige Ermittlungen und kriminalistisches Denken, sondern erhöht bestenfalls die Erfolgsaussichten, indem es eine kommunikative Brücke zu solchen Beschuldigten schlägt, die durch ihr Verhalten als unzugänglich gelten (siehe auch Fallbeispiel 8).

Fallbeispiel 8: *Vernehmungstaktisches Umsetzen der dominanten Nutzenstruktur bei einem des vollendeten und des versuchten Mordes Beschuldigten*

Ein Mann wurde beschuldigt, eine Prostituierte in ihrem Appartment durch mehrere Messerstiche und Schläge brutal getötet und ihre Kollegin auf die gleiche Weise schwer verletzt zu haben. Die Ermittlungen und eine Operative Fallanalyse ergaben, dass die Tat nicht geplant, sondern affektiv ausgelöst worden war, vermutlich durch vorausgegangene Kränkungen. Die dominante Nutzenstruktur des Beschuldigten wurde als durch das *Bedürfnis nach Macht und Dominanz* geprägt eingeschätzt. Daraus wurden folgende Empfehlungen für die Vernehmungsstrategie abgeleitet:

- Nur *ein* Vernehmungsbeamter,
- sich keinesfalls auf Machtkampf einlassen,
- Aufgabe des Dominanz-Gefühls nicht gewaltsam erzwingen,
- Nicht ein Geständnis erzwingen, sondern den Beschuldigten zur *Kooperation* bei der Klärung (seines eigenen Falles) veranlassen,
- Anredeform immer „Sie", oft persönlich *mit Namen anreden* „Herr M. (kränkt Dominanzanspruch nicht, erlaubt Kooperation unter gleichwertigen „Partnern"),
- Nie Abscheu, Ekel, moralische Verurteilung äußern,
- Das Wort „Geständnis" vermeiden, eher *neutrale Formulierungen* wie „Ereignis", „die Sache mit...", der „Ausraster von damals", „dieser merkwürdige Abend bei den beiden Thais" verwenden,
- Absolute *Geduld* haben, keine Unruhe, keinen Zeitdruck zeigen, immer gleichförmig bestimmt, zielgerichtet, interessiert und aufmerksam bleiben,

die in konkrete Formulierungen übersetzt und in einem vor der Festnahme durchgeführten Coaching geübt wurden.

Tabelle 1:
Empfehlungen zur Beschuldigten-Vernehmung.

Empfehlungen zur Beschuldigten-Vernehmung

Erkennen der dominanten Nutzenstruktur

- Einschätzung des Deliktes (z.B. Sexualstraftat, Seriendelikt, Betrug)
- Einschätzung des beobachtbaren Beschuldigten-Verhaltens (Diskussion um polizeiliche Maßnahmen, Auftreten zu Beginn der Vernehmung)
- Einschätzung des taktischen Beschuldigten-Verhaltens (hartnäckiges Leugnen, Bagatellisieren, Rationalisieren)
- Einschätzung der Persönlichkeit des Beschuldigten (Führungspersönlichkeit, Migrationshintergrund, wiederholte Hafterfahrung);

→ **Hypothese über vermutliche dominante Nutzenstruktur**

Die Angst vor strafrechtlichen Sanktionen

- Eingehen auf mögliche sekundäre strafrechtliche Sanktionen (Führerschein-, Waffenschein-Verlust, Verlust von Beamtenstatus und Pensionsansprüchen),
- Aufzeigen, das Kooperationsbereitschaft sich strafmildernd auswirken kann
- ggf. auf Angst vor (Untersuchungs-) Haftbedingungen eingehen und ,
- weiteren Verfahrensablauf erläutern (Transparenz mindert Angst und erhöht die Kooperationsbereitschaft);

Die Angst vor Aberkennung des Sozialstatus

- Eingehen auf die befürchteten sozialen Folgen der Strafverfolgung
- Zugeständnisse in Bezug auf Details von Ermittlungsmaßnahmen (Zustellung von Vorladungen, Aufsehen einer Hausdurchsuchung)
- Aufzeigen, dass Kooperationsbereitschaft die befürchteten sozialen Folgen minimieren kann

→ Bei weiterhin unkooperativen Beschuldigten:
- Hinweis auf soziale Folgen von Pressemitteilungen und/oder
- weitere Zeugenaussagen von Personen aus dem psychosozialen Nahraum in Aussicht stellen

Schamgefühle und Selbstschutz

- Schamgefühl ernst nehmen und nicht „pädagogisch" argumentieren
- Aufzeigen, dass Kooperationsbereitschaft die befürchteten sozialen Folgen minimieren kann
- bei hartnäckigem Leugnen und Bagatellisieren:
  - Viel Selbstdisziplin und Geduld aufbringen
  - Schuldvorwürfe vermeiden

- Moralische Bewertungen der vorgeworfenen Handlungen vermeiden,
- ein gewisses Maß an (vorgetäuschtem) Verständnis signalisieren

Das Bedürfnis nach Macht und Dominanz

- Gute Vorbereitung vor der Vernehmung
- Sich nicht provozieren lassen
- Nicht mit kontra-dominantem Verhalten reagieren
- Absolute Ruhe, Gelassenheit und Souveränität zeigen
- Auf ruhige und selbstsichere Körperhaltung achten
- Mimik und Gestik gut kontrollieren

- Folgende *Kommunikationsfallen* vermeiden:
  - unangemessene Ansprache (den Beschuldigten duzen)
  - selbst laut werden
  - Distanzverlust und
  - Berührungen

Bilanzierung

- Ausmaß der strafrechtlichen Sanktionen als „verhandelbar" erscheinen lassen,
- *aber*: keine unzulässigen Zusagen und Zugeständnisse machen.
- Auf Anzeichen von Kooperationsbereitschaft achten, z.B.
  - „Nur mal interessehalber, was würde denn den, der es wirklich getan hat, erwarten, wenn er erwischt wird?"

- Beachten: Bei (sozial) unter Druck stehenden Beschuldigten kann es zu einer plötzlichen „Lebensbeichte" mit Einräumen bisher nicht vorgehaltener Taten kommen

Bei komplexeren oder auch schwerwiegenderen Delikten kommt neben einer Vernehmung durch einzelne Beamte auch eine sog. *Teamvernehmung* in Frage, bei der meist zwei Beamte tätig werden. Oft entscheidet sich das Vernehmungsteam für die „good cop / bad cop"-Variante der Teamvernehmung, bei der ein Kollege eine verständnisvolle, zugewandte und scheinbar beschwichtigende Rolle spielt, während der andere Kollege psychischen Druck ausübt. Zwar führt diese Vernehmungsstrategie in vielen Fällen zum Erfolg, weil sich der Beschuldigte zunehmend dem „guten Polizisten" zuwendet und durch geschicktes Agieren zu Einlassungen gebracht werden kann, bei Polizei erfahrenen und reflektierten Beschuldigten versagt dieses Strategie aber dann, wenn sie die Absicht durchschauen oder aufgrund ihrer Persönlichkeits- und individuellen Nutzenstruktur zu keinerlei Aussage zu bewegen sind.

Nicht selten scheitert die „good cop / bad cop"-Variante der Teamvernehmung auch darin, dass die wichtige Rapportphase der Vernehmung durch den „guten Polizisten" zu früh durch Druck ausübende Interventionen des „bösen Polizisten" unterbrochen wird. Alternativ könnte eine Vernehmungstechnik hilfreich sein, bei der dem Rapport eine besondere Rolle zukommt und die Vorteile einer Verhaltensbeobachtung durch den zweiten Polizeibeamten gezielt genutzt werden (Heubrock & Palkies, 2008; siehe Abb. 22).

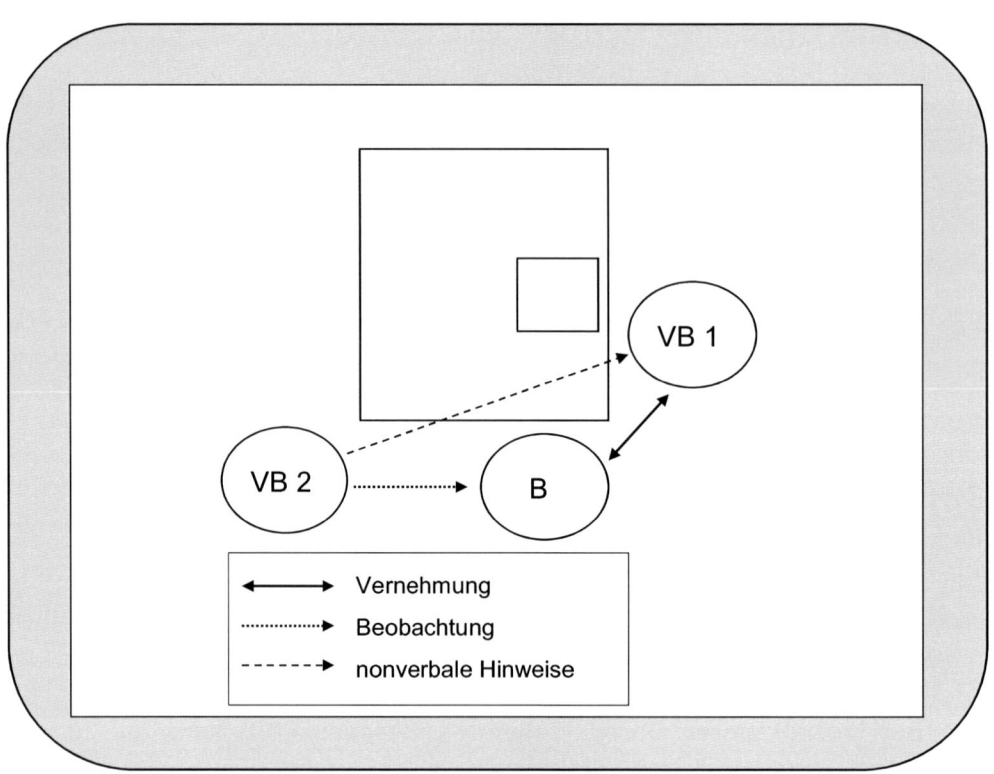

Abbildung 22:
Sitzanordnung in einer Teamvernehmung (VB 1= gesprächsführender Vernehmungsbeamter, VB 2 = beobachtender und Hinweise gebender Beamter, B = Beschuldigter; nach Heubrock & Palkies, 2008, S. 607).

Bei dieser Variante ist lediglich ein Vernehmungsbeamter (VB1) für den Beschuldigten erkennbar aktiv, während der zweite Vernehmungsbeamte (VB 2) nur kurz vorgestellt und im weiteren Verlauf der Vernehmung nicht weiter beachtet wird. Dieser platziert sich so hinter dem Beschuldigten, dass er dessen nonverbales Verhalten genau beobachten und gleichzeitig durch Blickkontakt oder das (diskrete, nur für den Kollegen sichtbare) Hochhalten von Hinweiszetteln seine Wahrnehmungen zur Nutzenstruktur und zu themengebundenen Veränderungen im Verhalten des Beschuldigten dem vernehmungsführenden Kollegen mitteilt. Auch wenn der Beschuldigte sich vor allem zu Beginn der Vernehmung durch die Sitzposition und die scheinbare Passivität des zweiten Vernehmungsbeamten irritiert zeigt und dies auch äußert, wird nur kurz darauf verwiesen, dass der „stumme Kollege" ausschließlich Protokoll führt. Auch wenn dieser direkt durch den Beschuldigten angesprochen wird, reagiert der beobachtende Vernehmungsbeamte darauf überhaupt nicht. Durch diese Vernehmungstechnik kann die Beziehung zwischen dem vernehmungsführenden Beamten und dem Beschuldigten konzentriert und stabilisiert werden, ohne auf die Vorteile einer exakten Verhaltensbeobachtung und ihre vernehmungstaktische Analyse zu verzichten. Im geeigneten Fall kann – nach sehr langer Vernehmungsdauer und unter besonderen Umständen – der zunächst vollkommen passive Vernehmungsbeamte plötzlich in das Geschehen eingreifen und eine „Überrumpelungstaktik" realisieren.

8.2 Beschuldigte mit Migrationshintergrund

Obwohl die Polizeiliche Kriminalstatistik (PKS; BKA, 2009) ausweist, dass die Anzahl nicht-deutscher Tatverdächtiger seit mehreren Jahren insgesamt rückläufig ist, wird die Vernehmung von Beschuldigten mit Migrationshintergrund innerhalb der Polizei als besonderes Problem gesehen. Die Gesamtbetrachtung der Kriminalitätsbelastung darf auch nicht darüber hinweg täuschen, dass es vor allem in Großstädten, aber auch in manchen ländlichen Gemeinden, zu einer Ghetto-Bildung nicht-deutschstämmiger Familienverbände gekommen ist und dass es in etlichen „sozialen Brennpunkten" so genannte „No-Go-Areas" gibt, in denen die tatsächliche Ordnungsgewalt von Jugendlichen und Heranwachsenden mit Migrationshintergrund ausgeübt wird (siehe Infokasten „Schießerei auf der Bremer Disco-Meile").

Infokasten „Schießerei auf der Bremer Disco-Meile"

Bremer Polizei, Sozialbehörde und Justiz beabsichtigen, stärker als bisher gegen kriminelle Mitglieder eines "ethnischen Clans" vorzugehen. Dies wurde von Innensenator Ulrich Mäurer (SPD) und Polizeipräsident Holger Münch angekündigt.

Eine Sonderermittlungsgruppe wurde bereits vor geraumer Zeit geschaffen, in der die Informationen aller Behörden zusammen getragen werden. Nicht allein die Strafverfolger sind daran beteiligt. Um den Gewaltverbrechern, Räubern und Drogenhändlern das Handwerk zu legen, beabsichtigen die Ermittler zukünftig intensiver mit den Steuerbehörden, dem Sozialressort und dem Stadtamt zusammenarbeiten. "Null Toleranz" soll es ab jetzt für Kriminelle unter den so genannten Mhallamiye-Kurden geben, teilte Mäurer mit. Wenn nötig, würden Führerscheine oder Gaststätten-Konzessionen entzogen.

Gegen Mitglieder der Clans will die Staatsanwaltschaft Bremen künftig Verfahren im Eiltempo durchführen. Exakter hinschauen werden die Fahnder außerdem, wenn Verdächtige staatliche Hilfen beziehen, gleichzeitig aber kostspielige Autos fahren oder Häuser kaufen. Das LKA schätzt die Anzahl auf etwa 2.600 Personen derer, die zum auffälligen Clan in Bremen gehören. Mehr als 1.000 davon sind den Behörden mittlerweile als Verdächtige für verschiedenste Delikte bekannt. Unter ihnen hat die Polizei rund 70 Schwerstkriminelle ausgemacht. Besonders auf sie haben es die Ermittler abgesehen, da diese Verbrecher jungen Kriminellen häufig als Vorbilder dienen.

Delikte, bei denen Tatverdächtige mit Migrationshintergrund weiterhin einen beträchtlichen Anteil ausmachen, sind
- ausländerspezifische Straftaten (Verstöße gegen das Aufenthalts-, das Asylverfahrens- und das Freizügigkeitsgesetz/EU, Urkundenfälschung), oft verbunden mit einem illegalen Aufenthaltsstatus,
- Verstöße gegen das Betäubungsmittel-Gesetz und

- Bereiche der Organisierten Kriminalität (Prostitution, Mädchenhandel, Schutzgelderpressung, Drogen- und Waffenhandel).

Insgesamt hat die Problematik polizeilicher Vernehmungen von Beschuldigten mit Migrationshintergrund also weniger mit einer besonders hohen allgemeinen Kriminalitätsbelastung nicht-deutschstämmiger Personen, sondern eher mit inter-kulturellen und vor allem mit kommunikativen Unsicherheiten zu tun, die auf beiden Seiten zu bestehen scheinen.

Bereits vor mehr als zehn Jahren war aufgefallen, dass das Verurteilungsrisiko nicht-deutscher Beschuldigter deutlich geringer war als dasjenige der deutschen Beschuldigten. Der Kriminalsoziologe Norbert Schröer äußerte als einer der ersten den Verdacht, dass – bezogen auf türkisch-stämmige Migranten - hierfür die polizeiliche Ermittlungspraxis und insbesondere Kommunikationskonflikte zwischen deutschen Vernehmungsbeamten und türkische Migranten verantwortlich sein könnten (Schröer, 1998). In Felduntersuchungen konnte Schröer zeigen, dass es deutschen Vernehmungsbeamten aufgrund eingeschliffener Vernehmungstaktiken und –routinen oft nicht gelingt, auf die kulturellen Besonderheiten der türkischen Beschuldigten einzugehen, selbst wenn diese die deutsche Sprache gut beherrschten und Sprachbarrieren also keine Rolle spielen konnten. Vielmehr konnte durch Analysen von Vernehmungen sehr deutlich aufgezeigt werden, dass

- die türkischen Migranten ihrerseits mit den deutschen Vernehmungsgepflogenheiten und den kulturbezogenen Wertehaltungen der deutschen Vernehmungsbeamten bestens vertraut und
- darüber hinaus sogar in der Lage waren, diese Einstellungen taktisch zu ihren Gunsten zu nutzen und „so mit ihnen zu spielen, dass der gewünschte Ermittlungserfolg ausbleibt" (Schröer, 1998, S. 155).

Diese Beobachtung lässt sich durchaus als „Erfolg" einer schnellen und gelungenen Integration in das vorherrschende Wertesystem verstehen. Zwar lässt sich daraus eine gewisse kommunikative Anpassung ableiten, diese führt aber nicht zu einer kooperativen Haltung, so dass trotz aller Anstrengungen der Vernehmungsbeamten eine „Arbeitsbeziehung" mit dem Ergebnis einer geständigen Einlassung kaum hergestellt werden kann. Anhand eines Fallbeispiels verdeutlicht Schröer (1998, S. 167f.) das geschickte kommunikative Vorgehen eines türkisch-stämmigen Taxifahrers, dem in einer Beschuldigtenvernehmung Drogenhandel vorgeworfen wird (siehe Fallbeispiel 9).

Fallbeispiel 9: *Vernehmung eines türkisch-stämmigen Migranten (aus Schröer, 1998, S. 167f.)*

Vb: Ja, solln wer ihm direkt scho mal sagen, war wir alles so von ihm wollen? Jo, ne, mein i. Also Dir wird ganz klar Handel mit Heroin vorgeworfen, Konsum, Erwerb und Schmuggel von Heroin.

B: Wann hab ich denn geschmuggelt? Wann hab ich was verkauft?

Vb: Pass ma auf! Wenn hier einer pampige Antworten gibt, bin ich das. Also, wir können uns entweder in nem ganz ruhigen Ton unterhalten...

B: ja klar ja is ganz ruhiger Ton.

Vb: Also, wir haben hier Aussagen vorliegen, dass Du an verschiedene Leute Heroin verkauft hast, verkauft (betont).

B: Und wann soll das sein?

Vb: Dar war einmal (blättert in der Akte9 das sind alles Beschlüsse ... töt töt tötö töt. Wir haben hier eine Aussage vorliegen jo und zwar vom Januar 92 schon, habe ich bereits Angaben über einen (Stadtteilname) Taxifahrer gemacht. Dieser fährt entweder das Taxi Nr. 4 oder Nr. 11. Januar stimmte das, wir haben das da ma mit der Taxizentrale überprüfen lassen und äh, ich habe mittlerweile erfahren, dass er Kemal heißt. Er hat mich vor 2 bis 3 Wochen, genau auf der (Stadtname) Kirmes gefahren und mir dabei erzählt, dass er immer noch im Geschäft sei. [...] Und damit sind wir jetzt genügend Belege da kann ich nämlich noch mal kurz das eine Verfahren holen, wo das noch jemand sacht, ne.

B: können Se, können Se.

Schröer (1998) deutet diese Szene so, dass
- der Beschuldigte bereits in der Eingangsfrage von der Entscheidungsfindung und damit von einer gemeinsamen Kommunikation ausgegrenzt wird,
- der Vernehmungsbeamte personale Dominanz und die Macht der Institution Polizei verkörpert,
- gleichzeitig ein schnelles Geständnis vom Beschuldigten erwartet wird, während
- sich der Beschuldigte durch seine wenigen Nachfragen zu den Tatvorwürfen verfahrensangemessen verhält und gleichzeitig deutlich macht, dass die belastende Aussage für ihn nur ein geringes Drohpotenzial enthält.

Vielleicht ist es ein wenig übergeneralisiert, wenn man die Analyse so zusammenfasst, dass der Vernehmungsbeamte eine „zwangskommunikative Überrumpelungsstrategie" anwendet, bei der der Beschuldigte verwirrt und eingeschüchtert werden soll, während der Beschuldigte diese Absicht durchschaut und ganz simpel auf einer Offenlegung der Beweise beharrt. Allerdings hält Schröer unter Bezug auf weitere Vernehmungsanalyse mit türkischen Beschuldigten fest, dass diese sich „nicht zu den von den deutschen Vernehmungsbeamten vorgegebenen kommunikativen Bedingungen in eine kooperative Haltung hineinzwingen [ließen], sondern [...] implizit und moderat auf eine sachliche Aushandlung des zur Debatte stehenden Sachverhalts [bestanden]" (1998, 170).

Allein dieses Beispiel verdeutlicht, dass es von Vorteil ist, sich aus polizeilicher Sicht mit den wichtigsten kulturellen Besonderheiten derjenigen ethnischen Gruppen auszukennen, die als problematisch gelten. Diese kulturbedingten Besonderheiten wirken sich vor allem

- im Kommunikationsverhalten,
- im Konfliktverhalten und
- bei Entscheidungsprozessen

aus (vgl. Hofstede, 2006).

In einer eigenen mehrjährigen Untersuchung haben wir das wechselseitige Verhältnis zwischen der Polizei auf der einen und russischen, türkisch-arabischen und afrikanischen Migranten näher untersucht. Wir fanden hierbei eine Reihe von Gemeinsamkeiten und Unterschieden, die für die Vernehmung von Beschuldigten mit Migrationshintergrund bedeutsam sind.

Sowohl die russische als auch die türkisch-arabische und die afrikanische Kultur gehören zu denjenigen Kulturen, in denen die individuelle Bedeutung und Entfaltung des einzelnen nur eine geringe, der *soziale Zusammenhalt* in der Familie, im Clan oder im Stamm eine sehr hohe Bedeutung hat (vgl. Hall, 1976; Hofstede, 2006). Kulturen mit einem hohen Kontextbezug – wie sie wissenschaftlich bezeichnet werden - haben ein ausgeprägtes System an ungeschriebenen Verhaltensregeln, die es einem Außenstehenden schwer machen, sich innerhalb dieser Kultur regelkonform zu bewegen. Gemeinsame vernehmungsrelevante Merkmale einer *Kultur mit hohem Kontextbezug* sind

- ein stark ausgeprägter Familien- und Gruppenzusammenhalt (oftmals verbunden mit bedingungsloser Loyalität),
- hierarchisches Denken und Gehorsam innerhalb gesellschaftlicher Strukturen,
- Langfristigkeit und Verbindlichkeit innerhalb zwischenmenschlicher Beziehungen, sowie
- die übergeordnete Bedeutung von Ehre und die Vermeidung eines Gesichtsverlusts.

Personen mit einem hohen Kontextbezug zeigen sich in der Kommunikation häufig als emotional ausdrucksstärker. Dies drückt sich in häufigeren Berührungen, heftigen Gesten, lauterem Sprechen trotz geringer sozialer Distanz und insgesamt gesteigerter Impulsivität aus. Dieses im Vergleich zu nordeuropäischer Sachlichkeit manchmal bedrohlich wirkende .Kommunikationsverhalten sollte also nicht vorschnell aus Gründen der Eigensicherung zurückgewiesen werden.

Tabu!

„Fassen Sie mich nicht an, sonst lasse ich Ihnen Handfesseln anlegen."

„Geht's nicht auch leiser, ich bin ja nicht taub."

„Bleiben Sie jetzt ruhig auf Ihrem Platz sitzen, sonst brechen wir die Vernehmung sofort ab."

Da die Akzeptanz von Hierarchien stark ausgeprägt ist, wird eine betonte Freundlichkeit, manchmal sogar bereits ein Lächeln, oft als Unterlegenheit oder Unsicherheit gedeutet. Daher sollte auch der Vernehmungsbeamte dem Beschuldigten selbstsicher und bestimmt gegenübertreten und sich Achtung verschaffen, ohne dabei einschüchternd zu wirken.

.

Wie das Fallbeispiel 11 und seine Deutung gezeigt hat, wirken direkte Vorhaltungen in der Regel kontra-produktiv. Vielmehr sollte die Kommunikation sollte eher indirekt gestaltet werden. Hierbei kann es es vorteilhaft sein, zu Beginn der Vernehmung Interesse an der Person des Beschuldigten, seiner Herkunft und seinem bisherigen Lebensweg zu zeigen und ausführlich über seine persönliche Situation zu sprechen und erst allmählich den Tatvorwurf zu thematisieren.

Der höhere Kontextbezug („Kollektivismus") betont den „Wir-Fokus" der Gruppe und legt auf die Selbstentfaltung des einzelnen („Individualismus") viel weniger Wert. Daher kann es – in Abhängigkeit vom Alter und von der psychosozialen Situation des Beschuldigten - manchmal günstig sein, ihm zu verdeutlichen, welche Auswirkungen sein Verhalten auf seine Bezugsgruppe hat („Schande" für die Familie). Demgegenüber spielen die zu erwartenden individuellen strafrechtlichen Sanktionen oft eine untergeordnete Rolle.

Ein Motiv, das zu einer Verweigerung der Kooperationsbereitschaft führen kann und in seiner Bedeutung nicht unterschätzt werden sollte, ist das Bemühen, einen „Gesichtsverlust" unter allen Umständen zu vermeiden. Dieses Motiv entspricht der dominanten Nutzenstruktur „Bedürfnis nach Macht und Dominanz" und führt häufig in der Vernehmung zu einem übertriebenen Verhalten scheinbarer Immunität und Stärke. Auch wenn es manchmal schwer fällt, sollte der Vernehmungsbeamte nicht versuchen, den Beschuldigten zu demütigen oder seine Ehre in Frage zu stellen. Vielmehr kann es gelingen, ihn bei seiner Ehre und seinem Stolz zu „packen". Als günstig hat es sich auch erwiesen, den

Tatvorwurf von einem Angriff gegen die Person des Beschuldigten strikt zu trennen und die Tat als „externes Element", als etwas „Drittes" gemeinsam zu verhandeln (siehe Abb. 23)

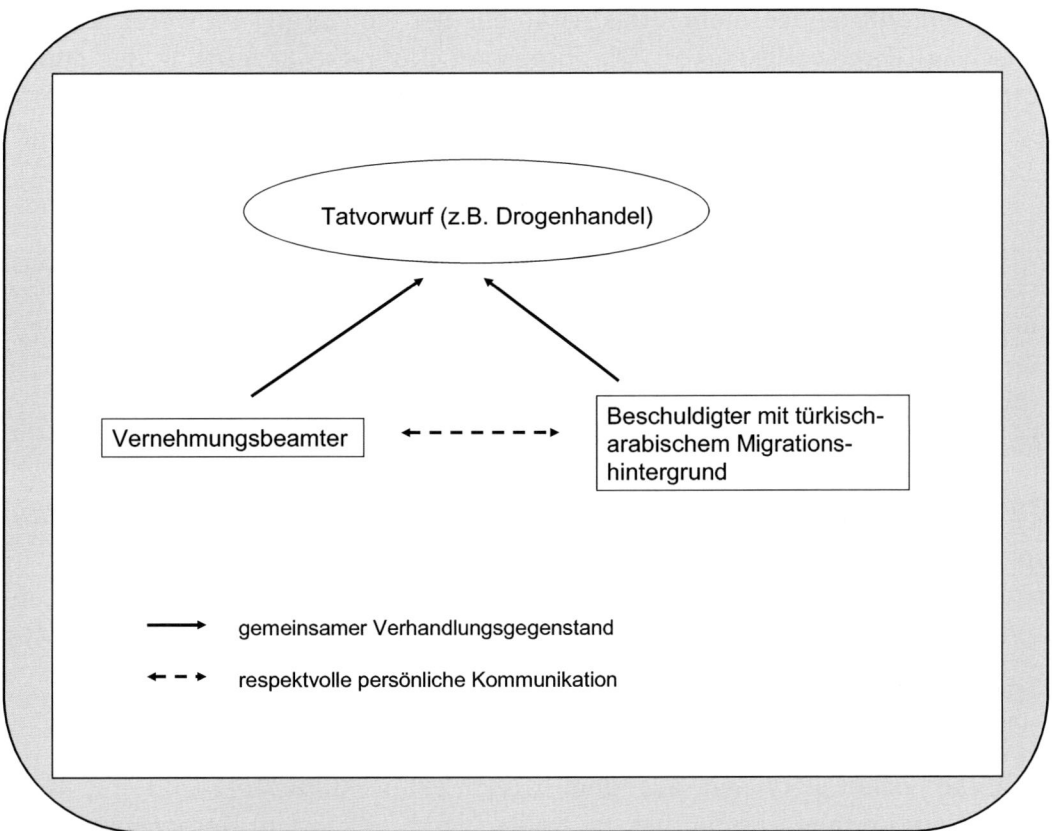

Abbildung 23:
Trennung von Tatvorwurf und Person des Beschuldigten in der Vernehmung eines Beschuldigten mit türkisch-arabischem Migrationshintergrund .

Zusätzlich zu diesen kulturspezifischen Merkmalen bei hohem Kontextbezug spielen auch die *Erfahrungen* eine Rolle, die Migranten in ihrem Herkunftsland mit der Polizei gemacht haben. Fehlen persönliche Erfahrungen hierzu, werden diese häufig durch das Bild der Polizei in diesem Land ersetzt.

Bei der Vernehmung von Migranten aus dem so genannten *russifizierten Kulturkreis* ist zu beachten, dass die russische Polizei von großen Teilen der Bevölkerung als

- willkürlich,
- korrupt und
- mit der Organisierten Kriminalität eng verbunden

angesehen wird (vgl. Klement, 2006). Insgesamt herrscht die Einstellung vor, dass polizeiliches Handeln für den Einzelnen mehr Probleme schafft als Nutzen bringt. Daher werden viele eigentlich strafrechtlich relevante Vorgänge intern geregelt (Selbstjustiz).

Unsere Befragungen von russischen Migranten ergaben, dass die deutsche Polizei durchweg besser bewertet wird als die russische Polizei, allerdings trauen russische Migranten der Polizei ihres Herkunftslandes mehr Effektivität bei der Aufklärung schwerer Verbrechen (Mord, Totschlag, Vergewaltigung) zu. Die insgesamt positivere Bewertung der deutschen Polizei durch russische Migranten hat aber auch eine „Schattenseite": Die im Vergleich zur russischen Polizei größere Bürgernähe und Freundlichkeit wird oft als Inkompetenz und geringer Durchsetzungswille gedeutet, so dass

- mehr als die Hälfte der russischen Migranten die Polizei sogar dann nicht einschalten würden, wenn sie selbst Opfer eines Verbrechens geworden wären,
- wobei diese Haltung bei in Ghettos lebenden Russen („Russen-Siedlungen") noch deutlicher ausgeprägt ist.

Lediglich jüngere und besser integrierte russische Migranten können sich vorstellen, bei Konflikten die Polizei einzuschalten.
Ein geringes Vertrauen in die deutsche Polizei kann auch bei türkischen Migranten der zweiten und der dritten Generation beobachtet werden (vgl. Mohr, Schimpel & Schröer, 2006).

Während vielen Personen aus dem russifizierten Kulturkreis und mit türkisch-arabischem Migrationshintergrund die in Deutschland geltenden Gesetze, Regeln und Gepflogenheiten weitgehend vertraut sind, fühlen sich sehr viele *afrikanische Migranten* weiterhin extrem isoliert und missachtet. Zum Teil beklagen sie auch rassistische Äußerungen („Neger", „Schwarzer", „Maximalpigmentierter") und sie berichten über Erfahrungen, dass sie

- bei Fahrkartenkontrollen in Bussen und Bahnen oft als einzige nach ihren Fahrausweisen gefragt und
- bei polizeilichen Routinehandlungen besonders intensiv durchsucht und unfreundlich behandelt

werden. In unseren eigenen Untersuchungen im Rahmen des Forschungsprojektes „Interkulturalität und Polizei" konnten wir feststellen, dass der Wunsch nach einem *respektvollen Umgang* bei afrikanischen Migranten meist als einziger genannt wurde, wenn sie zum Kontakt zwischen ihnen und der Polizei befragt wurden.

Tabelle 2:
Empfehlungen für Vernehmungen von Beschuldigten mit Migrationshintergrund..

Empfehlungen für Vernehmungen von Beschuldigten mit Migrationshintergrund
Türkisch-arabischer Kulturkreis
• Tatvorwurf und Person des Beschuldigten strikt trennen • Keine ehrverletzenden Äußerungen • Anderen Kommunikationsstil (lauteres Sprechen, Berührungen, geringere Distanz, Gestik) nicht als Bedrohung deuten, sondern akzeptieren • Interesse für die Person und die Lebensumstände des Beschuldigten zeigen • Nicht auf absoluter Pünktlichkeit beharren und (kleinere) Verspätungen nicht vorwerfen
Russifizierter Kulturkreis
• Keine übertriebene Freundlichkeit zeigen und nicht lächeln (Lächeln wird als Schwäche und Inkompetenz gedeutet) • Forderungen durchsetzen, nicht zurücknehmen • Kein anbiederndes Einstreuen russischer Sprachfloskeln, wenn die russische Sprache nicht wirklich beherrscht wird
Afrikanischer Kulturkreis
• Respektvoller Umgang • Nicht fragen, ob der Beschuldigte etwas trinken möchte (gilt als unhöflich), sondern Getränke unkommentiert bereitstellen • Nicht auf direktem Blickkontakt bestehen (in manchen afrikanischen Kulturen gilt das Abwenden des Blickes als Zeichen von Respekt)

Bei Beschuldigten mit Migrationshintergrund ist nicht selten die Heranziehung eines *Dolmetschers* erforderlich. Neben den damit verbundenen grundsätzlichen Problemen – beispielsweise der „'Beförderung' von Dolmetschern zu Hilfsvernehmern" (Mohr, Schimpel & Schröer, 2006, S. 96) – kann diese Konstellation auch den Rapport zwischen dem Vernehmungsbeamten und dem Beschuldigten massiv beeinträchtigen. Mohr, Schimpel und Schröer empfehlen daher, „die Sitzordnung so [zu] arrangieren, dass er [der Vernehmende] und der Beschuldigte sich gegenübersitzen und sich nahezu zwangsläufig im Blick haben. Der Dolmetscher ist dann etwas abseits zu platzieren und visuell eher außen vor" (2006, S. 97; siehe auch Abb. 24 für eine derartige Sitzordnung).

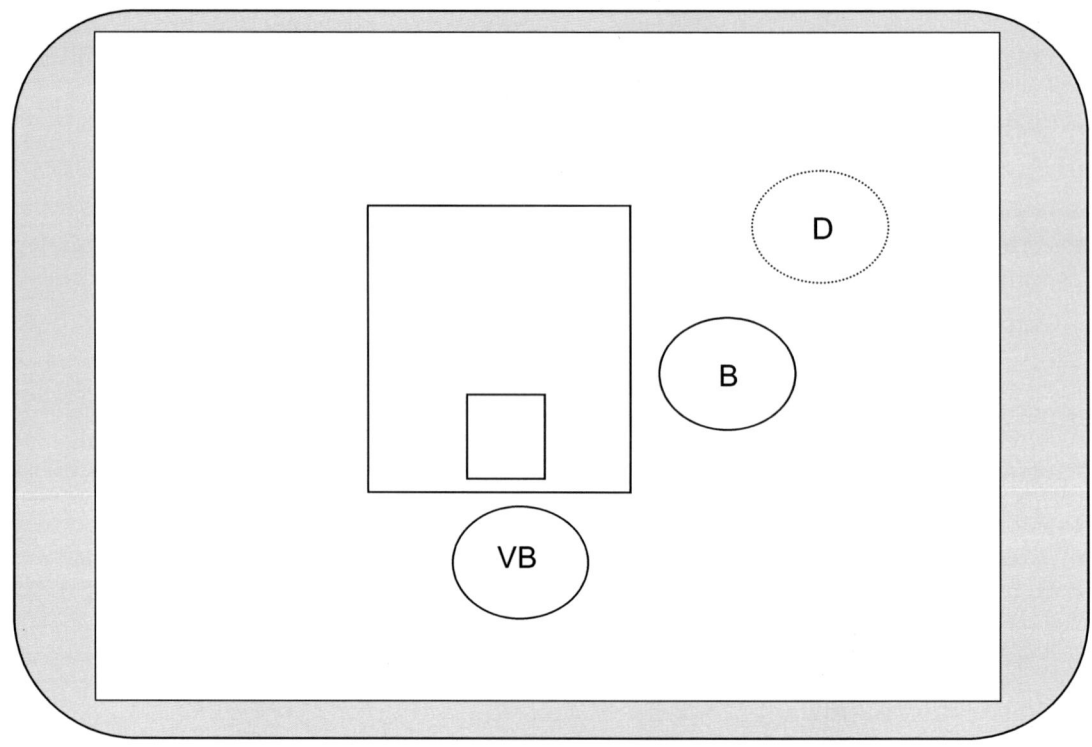

Abbildung 24:
Räumliche Anordnung mit einem Dolmetscher (VB = Vernehmungsbeamter, B = Beschuldigter, D = Dolmetscher; nach Heubrock & Palkies, 2008, S. 607).

Diese Sitzordnung ist auch deswegen empfehlenswert, weil sie den Vernehmungsbeamten und den Beschuldigten in der persönlichen Zone agieren lassen und den Dolmetscher in die soziale Zone „verbannen". Dieses Arrangement setzt allerdings ein hohes Ausmaß an Selbstdisziplin auf Seiten des Vernehmungsbeamten voraus, da er sich während der Vernehmung – auch in Sprechphasen des Dolmetschers – ausschließlich auf den Beschuldigten ausrichtet und den Dolmetscher gewissermaßen „depersonalisiert".

IV Die Zeugenvernehmung

9. Rechtliche Grundlagen

Anders als Beschuldigte sind Zeugen dazu verpflichtet, Angaben zur Sache zu machen. Der Zeuge ist ein persönliches Beweismittel, er soll Auskunft über seine Wahrnehmung von Tatsachen geben. Diese Auskunft muss richtig und vollständig sein; die weiteren Rechte und Pflichten sind aus dem nachfolgend abgebildeten *Formblatt zur Zeugenvernehmung* zu ersehen, das in dieser oder vergleichbarer Form bei polizeilichen Vernehmungen verwendet wird:

Zeugenvernehmung

I.   Angaben zur Person
Pflichtangaben (§ 111 OWiG i.V.m. § 163b Abs. 2 StPO)
Belehrung
Ich bin darauf hingewiesen worden, dass ich verpflichtet bin, diese Angaben vollständig und richtig zu machen.

Familienname, ggf. auch Geburtsname:
Vorname(n):
Geburtstag:
Geburtsort:
Straße, Hausnummer:
Gegenwärtig ausgeübter Beruf:
Familienstand:

Freiwillige Angaben
Staatsangehörigkeit:
Telefon privat:
Telefon tagsüber:

II.   Angaben zur Sache
Mir ist bekannt gegeben worden, gegen wen sich das Verfahren richtet, welche Tat oder Taten es zum Gegenstand hat und aus welchem Grunde ich vernommen werde.
Nur wenn Zeugin oder Zeuge gleichzeitig Verletzte oder Verletzter ist: Auf meine Rechte nach § 406d, § 406h StPO bin ich durch Übersendung oder Aushändigung des Vordruckes PolN 302 – Merkblatt über die Rechte von Verletzten und Geschädigten im Strafverfahren – hingewiesen worden.

Belehrung über das Zeugnisverweigerungsrecht
Es besteht folgendes, das Zeugnisverweigerungsrecht begründende Verhältnis:

Ich bin gem. § 52 StPO über mein Zeugnisverweigerungsrecht belehrt worden.

Belehrung über die Angaben zur Sache
Ich bin darüber belehrt worden, dass ich eine Aussage zur Sache vor der Polizei verweigern kann. Ich bin darauf hingewiesen worden, dass ich verpflichtet bin, auf Ladung vor der Staatsanwaltschaft oder dem Gericht zu erscheinen und zur Sache auszusagen. Ich wurde darüber in Kenntnis gesetzt, dass ich nicht aussagen muss, wenn ich mich selbst belaste und dadurch für mich nachteilige Folgen aufgrund der Tat (z.B. zivilrechtliche Ansprüche, fürsorgerechtliche Maßnahmen) eintreten können.

Ich möchte aussagen.
Ich bin damit einverstanden, dass meine Aussage auf Tonträger aufgezeichnet und anschließend in Schriftform übertragen wird.
Ich bestätige durch meine Unterschrift, dass die o.a. Belehrungen erfolgt sind und von mir verstanden wurden.

Unterschrift

Ein derartiges Formblatt zur Zeugenvernehmung erfasst zwar die Rechte und Pflichten eines Zeugen im Sinne der StPO, dürfte aber von den wenigsten Zeugen auch tatsächlich verstanden werden, selbst wenn sie es in der Regel unterschreiben. Insbesondere ängstliche Zeugen, aber auch Senioren oder Zeugen mit geringer Intelligenz, könnten sich durch die juristischen Formulierungen sogar eingeschüchtert fühlen, woraus sich wiederum Hindernisse für die Aussagebereitschaft ergeben können. Es ist daher unabdingbar, dass der Vernehmungsbeamte die Rechten und Pflichten des Zeugen nicht nur juristisch korrekt und umfassend, sondern auch verständlich erläutert und sicher stellt, dass die Zeugenbelehrung auch tatsächlich *verstanden* worden ist.

Opferzeugen, die im Strafverfahren juristisch korrekt als „Verletzte" oder „Geschädigte" bezeichnet werden, sind ebenfalls Zeugen im Sinne der StPO, ihnen stehen aber besondere Rechte zu. So können sich *alle* Opferzeugen

- grundsätzlich , allerdings in der Regel auch auf eigene Kosten, durch einen Rechtsanwalt unterstützen lassen, der bei der Vernehmung anwesend sein und Akteneinsicht verlangen darf,
- an eine Einrichtung der Opferhilfe (z.B. der „Weiße Ring") wenden und sich dort unterstützen lassen und
- zu einer Zeugenvernehmung auch eine Vertrauensperson, die nicht juristisch vorgebildet sein muss, mitbringen, die während der Vernehmung anwesend sein darf.

Bei besonders *gefährdeten Opferzeugen* kann im Einzelfall auch auf die vollständige Angabe der Personalien abgesehen werden, die als Teil der Ermittlungsakte über das Recht zur Akteneinsicht des Rechtsanwalts des Beschuldigten bekannt würden. Eine besondere Gefährdungslage kann ich Fällen hartnäckigen und gefährlichen Stalkings, aber auch bei Straftaten im Kontext der Organisierten Kriminalität gegeben sein.

Zusätzliche Rechte haben Opferzeugen, die durch

- eine Straftat gegen die sexuelle Selbstbestimmung (z.B. Vergewaltigung, sexueller Missbrauch),
- eine Straftat gegen das Leben oder die körperliche Unversehrtheit (z.B. versuchter Totschlag, vorsätzliche Körperverletzung),
- eine Straftat gegen die persönliche Freiheit (z.B. Menschenhandel, schwere Formen der Freiheitsberaubung),
- einen Verstoß gegen eine richterliche Anordnung nach dem Gewaltschutzgesetz oder
- Stalking (eine schwere Form der Nachstellung)

geschädigt oder verletzt wurden sowie Angehörige einer getöteten nahe stehenden Person (Eltern, Kinder, Geschwister, Ehegatte oder Lebenspartner).

In diesen Fällen können die Betroffenen

- Auskünfte zum Stand des Verfahrens und Aktenabschriften erhalten,
- erfahren, ob der Beschuldigte in Haft genommen wurde,

- bei richterlichen Vernehmungen des Beschuldigten oder von Zeugen bereits vor der Hauptverhandlung einen Rechtsanwalt beauftragen dabei anwesend zu sein,
- die Anklageschrift zugestellt bekommen und
- über den Termin der Hauptverhandlung informiert werden sowie
- bei der Hauptverhandlung – ggf. auch als Nebenkläger – anwesend sein.

Besondere Rechte haben auch *Kinder als Opferzeugen*. Um die meist unvermeidliche Vernehmung so wenig belastend wie möglich zu gestalten, besteht die Möglichkeit, kindlichen Opferzeugen von Sexualstraftaten oder von anderen schwerwiegenden Delikten eine Vertrauensperson als *Vernehmungsbeistand* zur Seite zu stellen (§ 406f Abs. 3 StPO), der die Aufgabe hat,

- die mit der Vernehmung entstehende seelische Belastung zu mildern und
- mögliche Ängste des Kindes vor der ungewohnten Vernehmungssituation abzubauen.

10. Gedächtnispsychologische Grundlagen[6]

Die Vernehmung eines Zeugen kommt in Frage, wenn davon auszugehen ist, dass dieser eigene sinnliche Wahrnehmungen zum Tatgeschehen beitragen kann.

Sowohl auf der Seite der Wahrnehmung des Zeugen als auch auf der Seite der Wiedergabe dieser Wahrnehmungen in der Vernehmung kann es zu zahlreichen Verzerrungen kommen, die meist durch Irrtümer und seltener durch bewusste Täuschungen entstehen. Der in der Vernehmung erfolgende Zugriff auf die Wahrnehmungen des Zeugen ist nur durch das Aktivieren von Gedächtnisleistungen möglich. Gedächtnisleistungen stellen ihrerseits einen hochkomplexen kognitiven Vorgang dar, der in allen Phasen durch Störungen beeinträchtigt werden kann.

Zu den Faktoren, die den Abruf von Gedächtnisleistungen eines Zeugen beeinflussen können, zählen nicht nur die Kooperationsbereitschaft des Zeugen, sondern auch das Zutrauen des Vernehmungsbeamten in die mnestische Leistungsfähigkeit allgemein. Hat der Vernehmungsbeamte beispielsweise die Vorstellung, dass das menschliche Gedächtnis wie ein PC nur eine begrenzte Speicherkapazität habe, so wird er vom Zeugen kaum erwarten, sich an lange zurückliegende Ereignisse erinnern zu können. Hierdurch wiederum wird auch das Vernehmungsverhalten des Polizeibeamten beeinflusst: nach der Anmerkung des Zeugen, dass das Ereignis aber lange zurückliege, könnte er sich nur oberflächlich um eine genaue Erforschung des Sachverhaltes bemühen und vorschnell aufgeben.

Die für die Vernehmung bedeutsamen Grundlagen der Gedächtnispsychologie sind in Abb. 25 schematisch dargestellt.

---

[6] Als Grundlage für dieses Kapitel wurde das Schulungsmaterial herangezogen, das der Verfasser für Vernehmungs-Lehrgänge, zunächst am Bildungsinstitut der Polizei Niedersachsen (BIPNI), später an der Polizeiakademie (PA) Niedersachsen, entwickelt hat. Eine zusammengefasste Version wurde in der Zeitschrift „Kriminalistik" veröffentlicht (Heubrock, 2010). Wir danken dem Kriminalistik-Verlag für die freundliche Genehmigung zur Verwendung des Manuskripts. Passagen mit wörtlicher Wiedergabe werden nicht separat als Zitat gekennzeichnet.

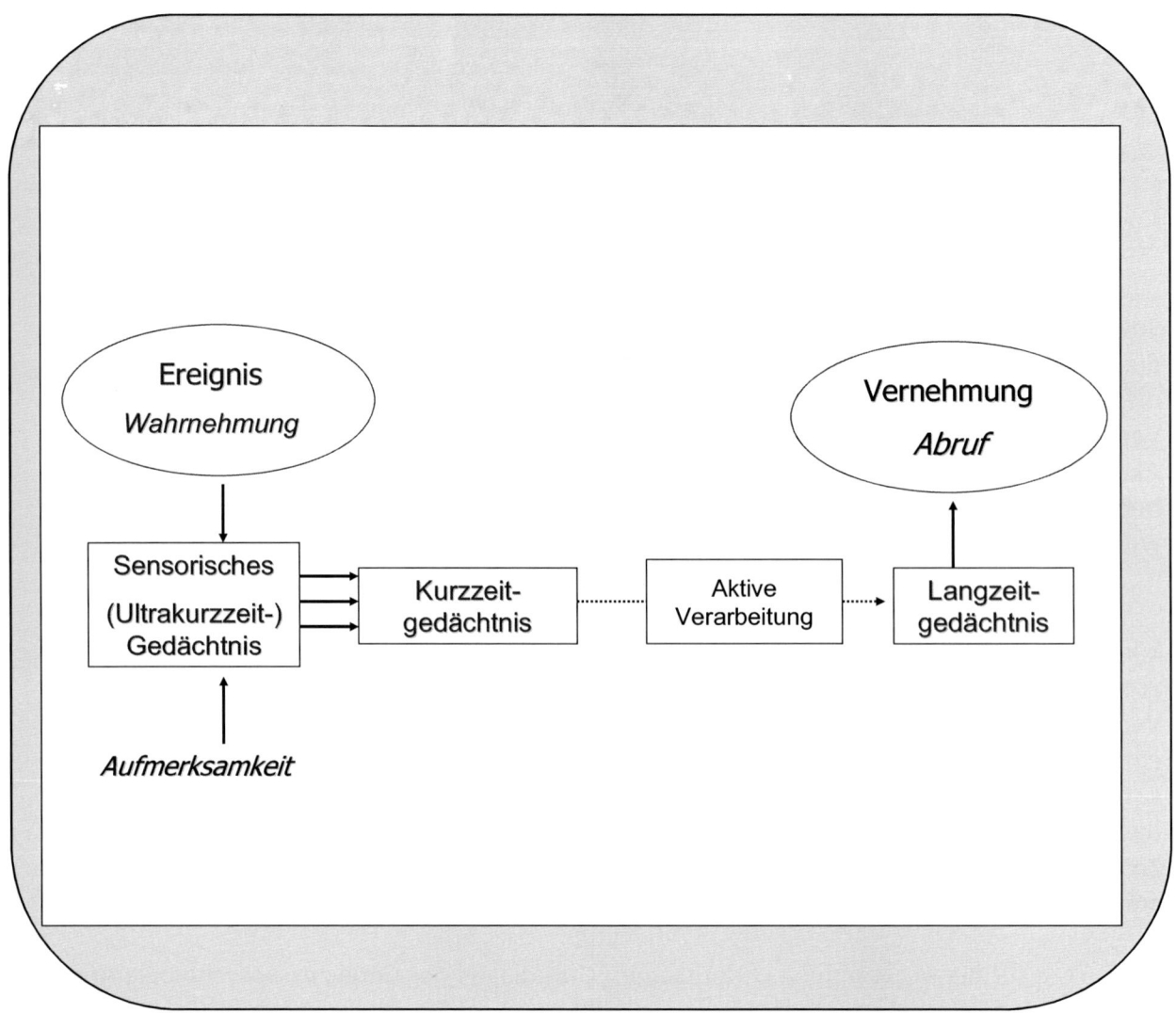

Abbildung 25:
Wichtige Gedächtnisprozesse zwischen Wahrnehmung und Abruf (modifiziert nach Atkinson & Shiffrin, 1968, zit. nach Lepach, Heubrock, Muth & Petermann, 2003, S. 9).

Ein vom Zeugen wahrgenommenes Tatgeschehen (Ereignis) bedarf eines Minimums an *Aufmerksamkeitszuwendung* als Grundvoraussetzung für eine spätere langfristige Speicherung. Bereits in dieser meist unbewusst ablaufenden Phase kann es zu Missverständnissen im Ermittlungsverfahren kommen. Beispielsweise können Ergänzungszeugen berichten, dass der eigentliche Tatzeuge das Ereignis wahrgenommen haben müsse, obwohl dieser in Wirklichkeit dem Tatgeschehen keine Aufmerksamkeit gewidmet hatte. Streng genommen handelt es sich bei dem Zeugen aus gedächtnispsychologischer Sicht nicht um einen Tatzeugen.

Ist jedoch Aufmerksamkeit vorhanden, gelangt die Information in das sensorische bzw. Ultrakurzzeitgedächtnis, das ein Konglomerat aus Wahrnehmung *und* Aufmerksamkeit bildet und immer multimodal organisiert ist. Sinneseindrücke können auf vielfältige Weise wahrgenommen werden (visuell, akustisch, olfaktorisch, gustatorisch oder taktil) und ebenso vielfältig können diese Informationen anschließend im Kurzzeitgedächtnis weiterverarbeitet werden. Diese Besonderheiten der Reizverarbeitung werden in der Vernehmung nur selten beachtet, da häufig ausschließlich nach *Gesehenem* gefragt wird und die anderen Sinneskanäle völlig unberücksichtigt bleiben.

Im *Kurzzeitgedächtnis* wird eine Information anschließend so lange gespeichert, bis sie entweder als bedeutungslos verworfen und wieder vergessen wird, oder aber durch aktive Verarbeitung in das Langzeitgedächtnis übertragen wird (Lepach, Heubrock, Muth & Petermann, 2003). Entgegen der verbreiteten Alltagsvorstellung, das Kurzzeitgedächtnis umfasse eine Zeitspanne von mehreren Stunden oder gar Tagen, erstreckt sich diese Zeitspanne lediglich über einen Zeitraum von ca. 50 – 60 Sekunden (Kinsch, 1982; Kupfermann & Kandel, 1996; Schandry, 2003).

Diese „aktive Verarbeitung" kann auf zweierlei Arten stattfinden, entweder bewusst oder unbewusst. Eine bewusste Verarbeitungsweise wäre beispielsweise das Einprägen einer Telefonnummer durch halblautes Wiederholen (rehearsal) und Bündeln der Zahlen (chunking). Diese Gedächtnisstrategie (Mnemotechnik) stellt jedoch nur eine von vielen Techniken dar, sich Informationen oder Erlebnisse einzuprägen. Weitere Techniken wären beispielsweise

- die Keyword-Technik, bei der Schlüsselwörter als Ankerreize dienen, um sich dadurch weitere Informationen einzuprägen,
- das Konstruieren eines Sinnzusammenhangs oder aber
- die bildhafte Vorstellung eines komplexen Sachverhaltes.

Die Speicherung einer Information im Kurzzeitgedächtnis und die aktive Verarbeitung dieser Information sichern somit den Übergang ins Langzeitgedächtnis, in dem eine dauerhafte (lebenslange) Speicherung stattfindet.

Für die Vernehmung gilt es in diesem Zusammenhang zu berücksichtigen, dass auch Zeugen ihre *individuelle Präferenz* haben, Informationen zu speichern und wieder abzurufen. Vernehmungsbeamte dürfen sich hierbei nicht von ihrer eigenen Präferenz leiten lassen, sondern sollten ihre ganze Aufmerksamkeit dem Zeugen zukommen lassen, der seine Präferenz in der Regel auf verschiedene Weise zum Ausdruck bringen kann (siehe Infokasten „Erkennen der individuellen Wahrnehmungspräferenz").
Zeugen können durch die Art der *Wortwahl* einen Hinweis darauf liefern, welchen Wahrnehmungskanal sie bevorzugen, aber auch durch spontane Verhaltensweisen.

Infokasten „Erkennen der individuellen Wahrnehmungspräferenz" (nach Simon, 2004).

- *Visuell* orientierte Menschen wenden ihre Aufmerksamkeit den sichtbaren Elementen ihrer Umwelt zu. Sie schließen häufig die Augen, um sich einen bestimmten Sachverhalt in Erinnerung zu rufen. Bei der Beschreibung von Ereignissen werden hochfrequent unterstützende zeigende Gesten (Illustratoren; vgl. Heubrock & Palkies, 2008) gezeigt. Manchmal wird auch der spontane Wunsch geäußert, räumliche Gegebenheiten aufmalen zu dürfen. Häufig verwendete Wörter stehen im engen Zusammenhang mit der visuellen Wahrnehmung:
  - „Das *sieht* gut aus."
  - „Das *erscheint* mir klar."
- *Auditiv* orientierte Menschen achten mehr auf die Geräusche in ihrem Umfeld und können diese Wahrnehmung meist sehr gut beschreiben. Häufig werden inhaltliche Erzählungen mit entsprechenden Geräuschimitationen untermalt: „Als das Auto auf den Laster auffuhr, hörte sich das an, als würde ein Jet die Schallmauer durchbrechen. So richtig „bumm" und „tzsch" machte das!"
  Häufig verwendete Aussagen sind zudem:
  - „Das *klang* nicht gut."
  - „Das *hört* sich ja ganz schrecklich an."
- *Kinästhetisch-taktil* orientierte Personen lassen sich vorzugsweise von ihren Empfindungen leiten und äußern dies durch Sätze wie:
  - „Ich konnte es erst gar nicht *begreifen*."
  - „Es *fühlte* sich irgendwie merkwürdig an."
  Beschreibungen komplexer Handlungen werden hierbei häufig durch ein Veranschaulichen an der eigenen Person oder aber am Gegenüber demonstriert.

Um die Funktionsweise des Gedächtnisses für die Vernehmung systematisch nutzen zu können, bedarf es neben der Betrachtung der zeitlichen Dimension auch einer genauen Betrachtung der Strukturierung des Langzeitgedächtnisses in verschiedene Gedächtnissysteme (siehe Abb. 26).

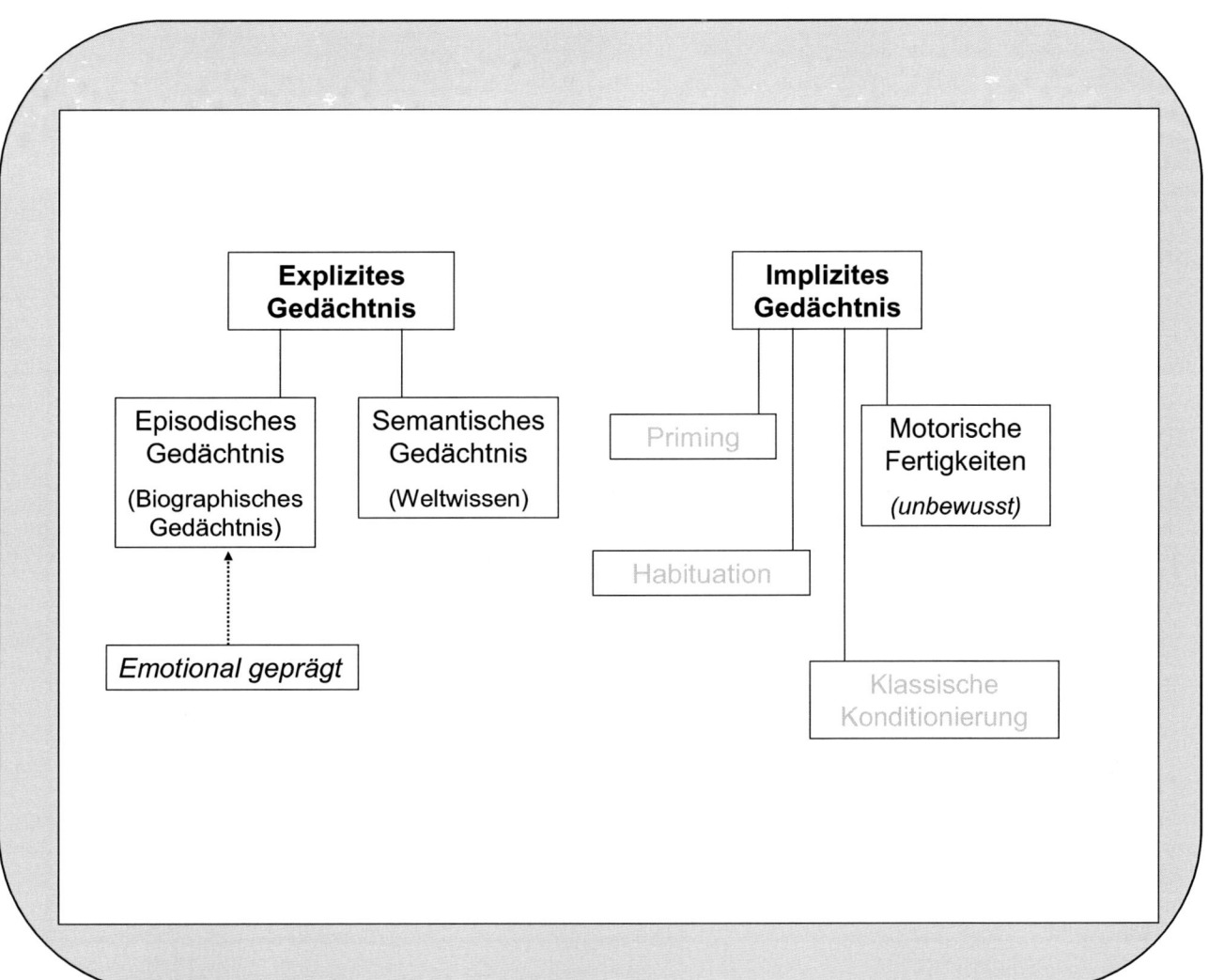

Abbildung 26:
Einteilung des Langzeitgedächtnisses (modifiziert nach Lepach, Heubrock, Muth & Petermann, 2003, S. 10).

Zunächst unterscheidet man zwischen einem *expliziten* (oder deklarativen) und einem *impliziten* (oder prozeduralen) Gedächtnis.

Das *explizite Gedächtnis* enthält Wissen über Fakten und Ereignisse, die dem Bewusstsein grundsätzlich zugänglich sind und lässt sich weiter unterteilen in das episodische (biographische) und semantische Gedächtnis. Das *semantische Gedächtnis* enthält Faktenwissen, dass sich Menschen durch Lernprozesse aneignen. Das *episodische Gedächtnis* hingegen speichert Ereignisse, die man im Laufe seiner Biographie selbst erlebt. Sind diese Ereignisse emotional geprägt (wie beispielsweise die Geburt des eigenen Kindes), prägen sie sich besonders gut in unser Gedächtnis ein und können dementsprechend stabil und detailliert wiedergegeben werden (siehe Infokasten „Warum emotional Bedeutsames besser behalten wird")

Infokasten „Warum emotional Bedeutsames besser behalten wird"

Die meisten Gedächtnistheorien betonen, dass wir emotional bedeutsame Ereignisse wesentlich besser erinnern können als neutrale. Dies betrifft offenbar nicht nur das autobiographische Gedächtnis, sondern auch Ereignisse des Weltgeschehens, wenn diese uns emotional bewegt haben. So können sich die meisten Menschen noch sehr genau an das Datum des terroristischen Flugzeugattentates auf das World Trade Center in New York erinnern (11. September 2001), obwohl persönlich erlebte Ereignisse in derselben Zeit nicht mehr datiert werden können.

Obwohl in der frühen Kindheit die relative Unabhängigkeit von kognitiven und emotionalen Prozessen am größten ist, bleibt der modulare Charakter von Emotion und Kognition grundsätzlich erhalten (vgl. Armony & LeDoux, 1997; LeDoux, 1989, 1995, 1998). Für die Gedächtnispsychologie sind Untersuchungen besonders interessant, die zeigen konnten, dass Emotionen, die eine Aktivierung durch bestimmte Gehirnstrukturen erfahren (v.a. durch die Amygdala),

- zeitlich vor kognitiven Prozessen verarbeitet werden,
- dass ihre Umsetzung (z.B. als emotionaler Ausdruck) sehr schnell geschieht und
- dass ihre neuronalen Grundlagen bereits sehr früh in der Kindheit entwickelt werden.

Das *implizite bzw. prozedurale Gedächtnis* beinhaltet u.a. Wissen über motorische Fertigkeiten, die unbewusst automatisierte Prozesse aktivieren, wie dies beispielsweise beim Autofahren oder Schwimmen der Fall ist und können in Vernehmungssituationen aufschlussreiche Hinweise liefern (siehe Fallbeispiel 10).

Fallbeispiel 10: *Spontane Demonstration einer „vergessenen" Beobachtung*

Eine wichtige Zeugin in einem Fall von Neugeborenentötung war bereits mehrfach polizeilich vernommen worden, um eine Personenbeschreibung der Täterin zu erlangen. Auf die zum Teil sehr einschränkenden Frageformen (Suggestiv-, Auswahl- und geschlossene Fragen) hatte die Zeugin teils widerwillig, teils äußerst knapp reagiert. Daraufhin wurde angesichts der medialen Bedeutung des Falles ein vernehmungspsychologischer Experte hinzugezogen, dem es in der Videovernehmung gelang, die Zeugin in den Wahrnehmungskontext zum Beobachtungszeitpunkt zurückzuversetzen. Während dieser erneuten Vernehmung stand die Zeugin spontan auf und demonstrierte ohne jede direkte Aufforderung, wie die mutmaßliche Täterin mit dem Neugeborenen auf dem Arm um ihren PKW herumging und die Autotür mit dem rechten Fuß zuschlug. In den vorherigen Vernehmungen hatte sie auf explizites Nachfragen mehrfach angegeben, sich hieran überhaupt nicht erinnern zu können.

Priming (z.B. das blitzschnelle Wiedererkennen zuvor gesehener Personen) oder auch Lernprozesse wie das klassische Konditionieren oder Habituation finden sich ebenfalls im impliziten Gedächtnis, sind für die Vernehmung jedoch weniger relevant.

Die Fähigkeit, Wissen oder Erinnerungen zu einem späteren Zeitpunkt nutzen zu können, erfordert mindestens die folgenden drei geistigen Prozesse:

- die Enkodierung,
- die Speicherung und
- den Abruf.

Bei der *Enkodierung* werden physikalische Reize aus der Umwelt erstmalig auf eine Art und Weise verarbeitet, dass eine Repräsentation im Gedächtnis entsteht. Bei diesem Verarbeitungsprozess werden die physikalischen Außenreize (z.B. Schallwellen, die das Ohr erreichen) zunächst als bioelektische Information (Aktionspotenziale) weitergeleitet und in einem komplexen Verarbeitungsprozess in biochemische Information (Neurotransmitter) „übersetzt" (*Konsolidierung*), um abschließend endgültig an verschiedenen Orten des Langzeitgedächtnisses dauerhaft abgelegt zu werden (*Speicherung*). Der für die Vernehmung relevante *Abruf* von Gedächtnisinhalten bedeutet, dass zuvor gespeicherte Informationen ins aktuelle Bewusstsein zurückgeholt und wiedergegeben werden können (vgl. Lepach et al, 2003).

Gedächtnisprozesse wie die Enkodierung, die Speicherung und der Abruf von Informationen sind komplizierte und sehr störanfällige Prozesse, die besonders in der Phase der Konsolidierung zu akuten Defiziten und zu einem Verlust von Informationen führen können (siehe Abb. 27).

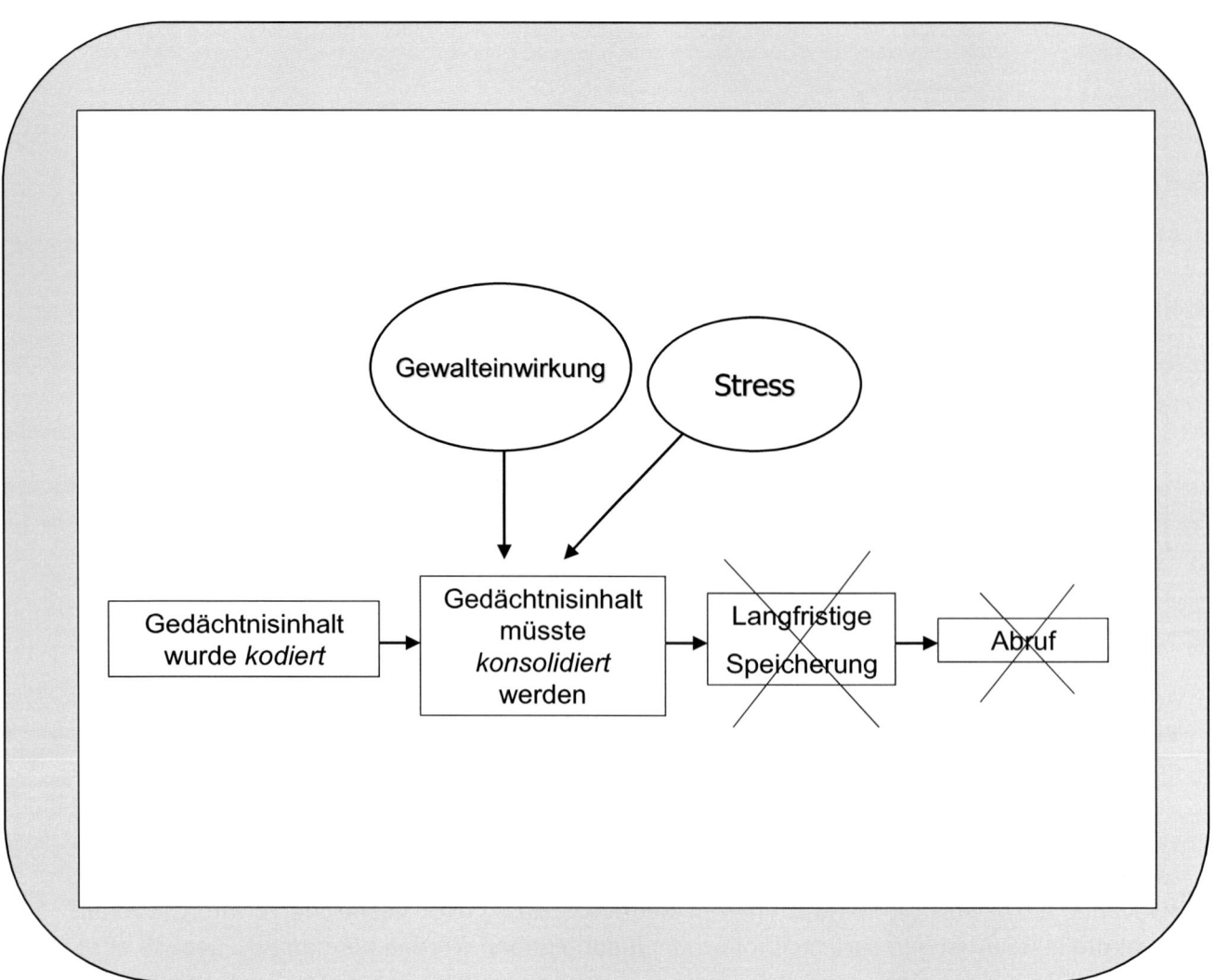

Abbildung 27:
Entstehung einer retrograden Amnesie durch eine Unterbrechung der Konsolidierung von Gedächtnisinhalten (modifiziert nach Lepach, Heubrock, Muth & Petermann, 2003, S. 13).

Hierbei spielt die bei Stress auftretende Konkurrenz zwischen stressinduzierten Hormonen und den für die Konsolidierung und Speicherung von Gedächtnisinhalten notwendigen Neurotransmittern eine entscheidende Rolle. So dockt das in der Nebennierenrinde produzierte Stresshormon Cortisol an diejenigen (Glucocorticoid-) Rezeptoren in gedächtnisrelevanten Hirnstrukturen (Hippocampus, Amygdala, präfrontaler Cortex) an, an denen auch die informationstransportierenden Neurotransmitter binden sollen. Da es in einer akuten Stresssituation jedoch zu einer massenhaften Überflutung des Gehirns mit dem Stresshormon Cortisol kommt und dieses zudem die Rezeptoren schneller erreicht, sind die Rezeptoren bereits blockiert, wenn die Neurotransmitter, die eine Konsolidierung des erlebten Ereignisses sicherstellen sollen, ihren Speicherort erreicht haben. (siehe Abb. 28)

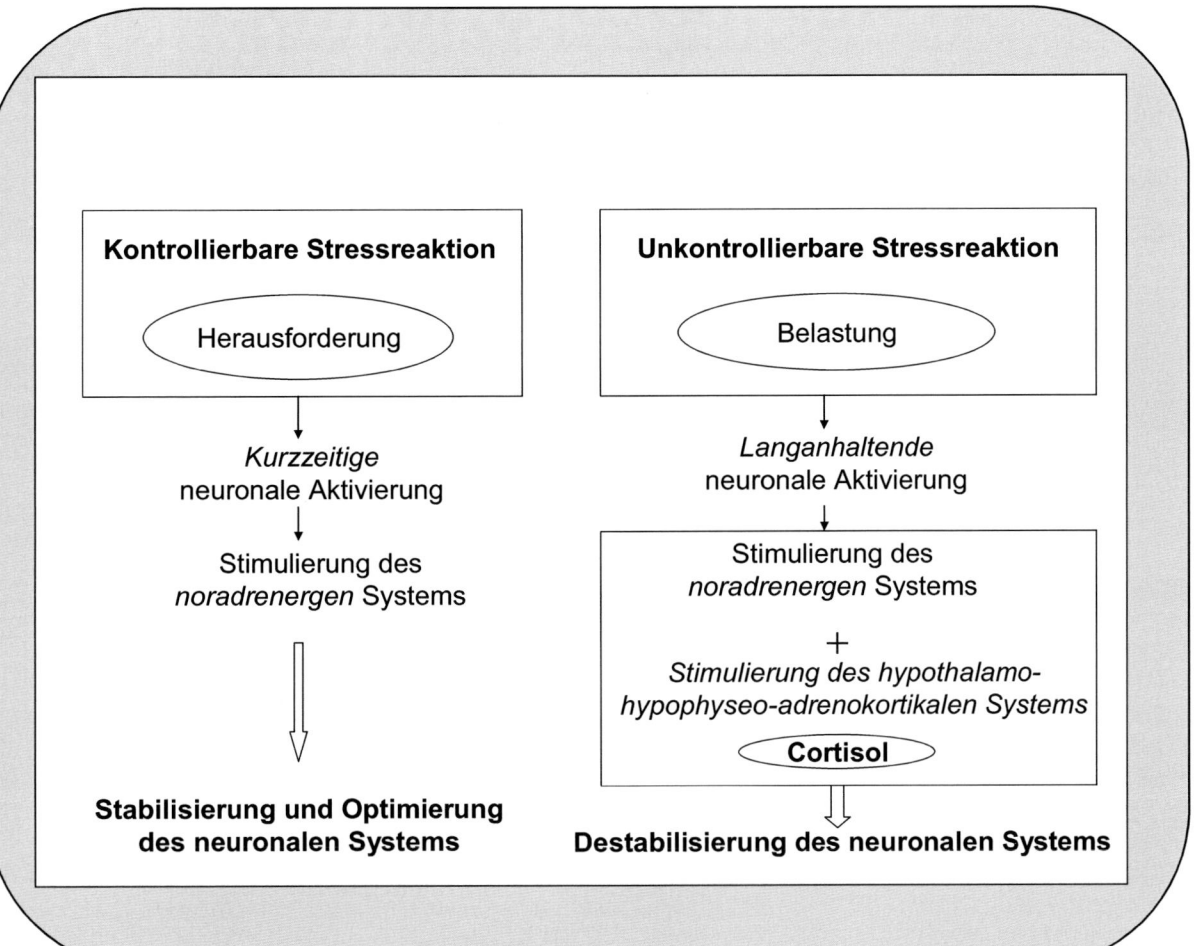

Abbildung 28:
Destabilisierung des neuronalen Systems durch das Stresshormon Cortisol (aus Heubrock, 2006).

Dieser „Verdrängungswettbewerb" beider biochemischer Botenstoffe vermag nicht nur die retrograde Amnesie nach traumatischen Ereignissen, sondern auch die begleitenden heftigen Emotionen (Angst, Panik, posttraumatische Belastungsreaktion) und die Entstehung langfristiger chronischer Gesundheitsstörungen (Depression, posttraumatische Belastungsstörung) zu erklären (siehe Abb. 29).

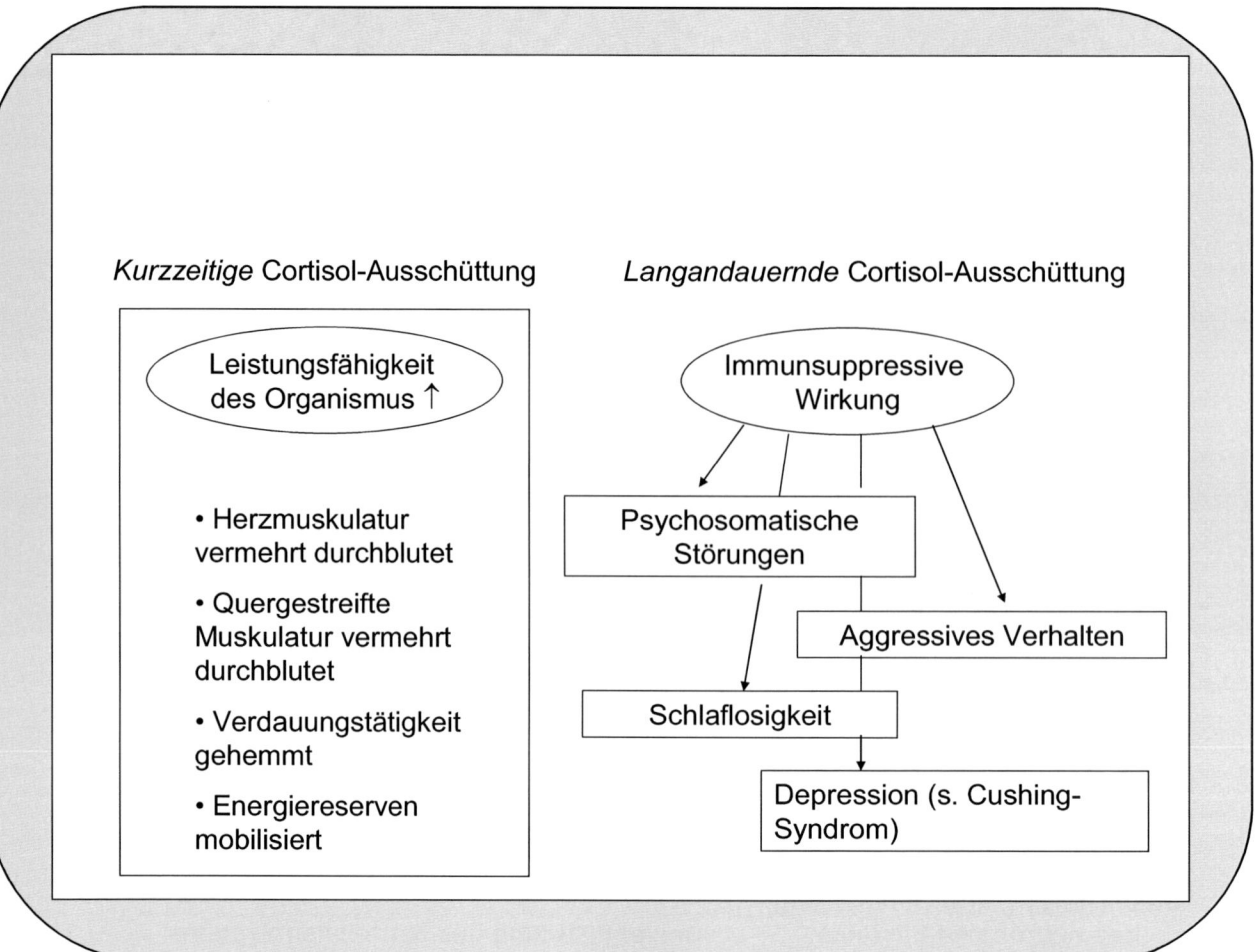

Abbildung 29:

Die Entstehung von Gesundheitsstörungen durch eine lang andauernde Cortisol-Ausschüttung (aus Heubrock, 2006).

Hierbei ist vernehmungs- und aussagepsychologisch zu beachten, dass der Verlust von Gedächtnisinhalten nicht den Augenblick des Einwirkens der Störung (Gewalttat oder Stress), sondern die sehr kurze Zeit von meist wenigen Sekunden *vor* dieser Einwirkung betrifft. Hat es beispielsweise vor einer Gewalttat noch eine kurze Interaktion zwischen Täter und Opfer gegeben, so ist es durchaus möglich, dass diese bereits kodierte, aber noch nicht konsolidierte Information verloren geht. In diesem Fall wäre dem Opfer unter Umständen eine Täterbeschreibung nicht möglich, obwohl weitere Tatzeugen angeben, dass das Opfer den Täter doch genau beschreiben können müsse, weil beide kurz vor dem gewaltsamen Einwirken - etwa eines Schlagstocks - noch miteinander gesprochen haben.

Neben Gewalteinwirkung und Stress gibt es noch weitere Einflussfaktoren, die das Kodieren komplexer Ereignisse erschweren oder verhindern können. Hierzu zählen vor allem der *Zustand des Zeugen* sowie die *Zeugenbetroffenheit*.

Der *Zustand eines Zeugen* zum Zeitpunkt des Ereignisses kann wichtige Auswirkungen auf die Qualität einer Wahrnehmung haben. Müdigkeit, Alkohol-, Drogen- oder Medikamenteneinfluss oder deren Entzug reduzieren häufig die Aufmerksamkeit und können sich zudem negativ auf die Wahrnehmungsfähigkeit eines Zeugen auswirken.

Ereignisse werden dadurch verfälscht oder nur lückenhaft gespeichert und können zu einem späteren Zeitpunkt auch nur entsprechend wiedergegeben werden.

Auch die *Zeugenbetroffenheit* kann die Verarbeitung und Speicherung eines Ereignisses empfindlich stören. Hierbei ist nicht die Schwere eines Delikts der ausschlaggebende Faktor, um Betroffenheit auszulösen, sondern vielmehr das subjektive Empfinden eines Zeugen. Beispielsweise können gerade ältere Menschen, die ein vergleichsweise harmloses Delikt (wie einen Handtaschendiebstahl) beobachten, derart „geschockt" sein, dass eine adäquate Verarbeitung dieses Ereignisses misslingt. Eine emotionale Erstarrung zeigt sich auch bei Zeugen, die Vorfälle beobachten, die sie an selbst erlebte traumatische Ereignisse erinnern (vgl. Milne & Bull, 2003). Zeugenbetroffenheit geht letztendlich mit physiologischem Stress und daher mit derselben Einschränkung der Informationsverarbeitung einher.

Auch beim *Abruf* von erinnerbaren Gedächtnisinhalten kann sich der Vernehmungsbeamte mit einer Reihe von Problemen konfrontiert sehen, die eine verwertbare Aussage eines Zeugen beeinträchtigen:

- der konstruktive Charakter des Gedächtnisses, Skripte, Klischees und voreilige Schlussfolgerungen,
- emotionale Faktoren, „Waffenfokus" und Parteilichkeit sowie
- die Vernehmungssituation als Stressor.

Unter dem *konstruktiven Charakter* des Gedächtnisses versteht man die Tendenz, unverstandene oder unvollständige Informationseinheiten zu einem sinnvollen Ganzen zu ergänzen. Komplexe Ereignisse werden nicht in allen Details gespeichert, sondern lediglich die wichtigsten Handlungselemente, die uns das spätere Erinnern erleichtern sollen. Hinzu kommt, dass diese Informationsfragmente an verschiedenen Stellen des Gedächtnisses gespeichert werden. Während man lange Zeit davon ausging, dass ein Ereignis im Langzeitgedächtnis nur an *einem* einzigen Ort – gewissermaßen wie in einem großen Warenlager - „abgelegt" werde, den man beim Abruf wieder finden müsse, weiß man heute, dass komplexere Informationen gleichzeitig unter *mehreren verschiedenen* Strukturmerkmalen gespeichert werden und daher auch auf verschiedenen Zugangswegen wieder abgerufen werden können (siehe Abb. 30).

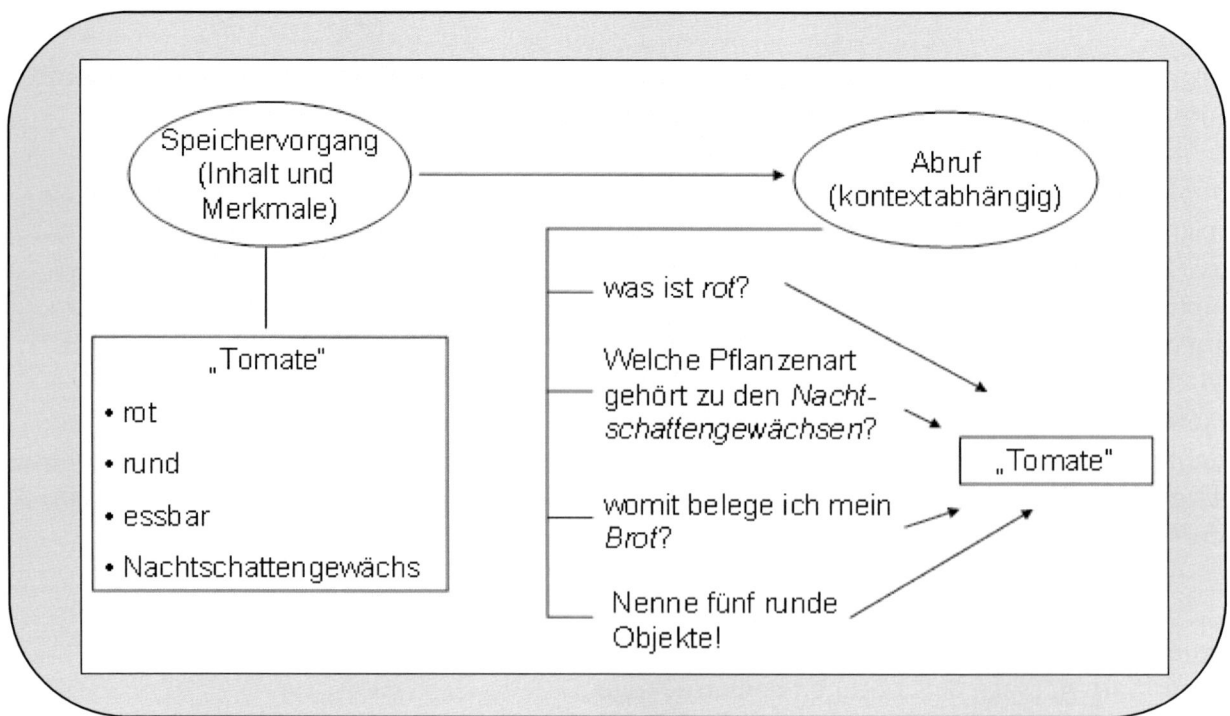

Abbildung 30:
Das Mehrebenen-Modell der Speicherung und des Abrufs von Gedächtnisinhalten (vgl. Lepach, Heubrock, Muth & Petermann, 2003, S. 12).

Da Informationen beim späteren Reproduzieren rekonstruiert werden, können Verzerrungen auftreten, sodass Erinnerungen von dem tatsächlichen Geschehen abweichen. Komplexe Sachverhalte werden häufig stark vereinfacht dargestellt, bestimmte Details können hervorgehoben und überbetont werden und Einzelheiten werden so verändert, dass sie besser zum persönlichen Wissen und Erfahrungshintergrund eines Menschen passen (vgl. Bartlett, 1932). Darüber hinaus findet ein ständiger Abgleich zwischen aktuellen Umweltreizen und den gespeicherten Gedächtnisinhalten statt, wodurch eine lückenlose und „fehlerfreie" Reproduktion zusätzlich erschwert werden kann (siehe Abb. 31).

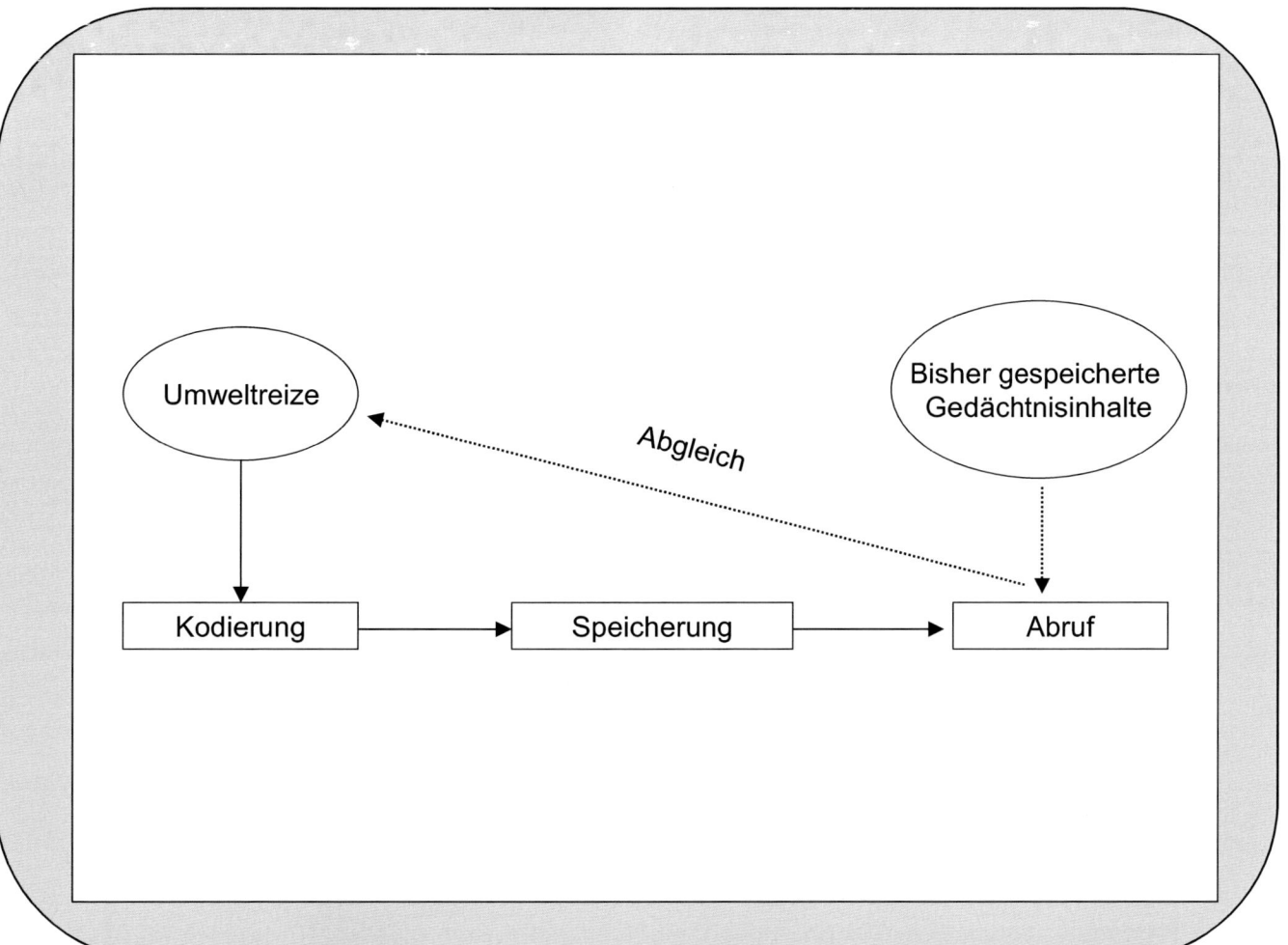

Abbildung 31:

Die Abhängigkeit verschiedener Gedächtnisprozesse voneinander (modifiziert nach Lepach, Heubrock, Muth & Petermann, 2003, S. 11).

Der Abruf von Erinnerungen aus dem Gedächtnis ist somit ein Prozess, der immer mit einer Rekonstruktion der Wirklichkeit und ihrer Interpretation einhergeht. Gedächtnislücken werden dann häufig entsprechend den eigenen Erwartungen, Klischeevorstellungen oder Skripten geschlossen.

Skripte sind Handlungskonzepte für Alltags- und Routinehandlungen, die uns helfen, in vertrauten Standardsituationen angemessen zu agieren, ohne lange darüber nachdenken zu müssen. Im Grunde handelt es sich bei Skripten um einen Sonderfall des oben beschriebenen konstruktiven Charakters des Gedächtnisses.

Beispielsweise haben die meisten Menschen ein Skript für einen Restaurantbesuch gespeichert, das den *typischen* Verlauf eines derartigen Ereignisses in seiner zeitlichen Abfolge beinhaltet (Restaurant betreten, Platz nehmen, Speisekarte lesen, bestellen, essen bezahlen, Restaurant verlassen). Große Informationsmengen können leichter strukturiert und verarbeitet werden, indem sie mit bereits Bekanntem verknüpft werden. Skripte werden allerdings selbst dann benutzt, wenn man mit einer bestimmten Situation (z.B. einem Banküberfall) keine persönlichen Erfahrungen verbinden kann (vgl. Milne & Bull, 2003). Auch wenn Skripte eine sehr ökonomische Form der Speicherung von Informationen bieten und im Alltag von großem Nutzen sind, bergen sie gerade für

Vernehmungssituationen die Gefahr, dass Ereignisse in der Form wiedergegeben werden, wie sie typischer Weise stattfinden und nicht wie sie bei dem fraglichen Ereignis in einzelnen Punkten doch ein wenig abweichend oder auch völlig anders stattgefunden hat (z.B. Handtaschendiebstahl am Nebentisch). Gerade fehlendes Detailwissen wird häufig durch Skripte aufgefüllt, so dass sich fast allen Zeugenvernehmungen tatsächlich Erlebtes mit Skript-Elementen vermischen (siehe Infokasten „Glaubhaftigkeit und Skripte").

Infokasten „Glaubhaftigkeit und Skripte"

Nicht selten wird die Glaubhaftigkeit einer Zeugenaussage angezweifelt, wenn sich in ihr sehr Skript-Elemente wieder finden, die sich nachträglich als unwahr herausstellen. Tatsächlich vermischen sich aber in nahezu jeder Zeugenaussage, die sich auf ein etwas komplexeres oder sehr dynamisches Tatgeschehen beziehen, Selbst-Erlebtes und sinnhaft Ergänztes. Das ist vor allem dann der Fall, wenn sich das Tatgeschehen in einer im Leben des Zeugen häufig vorkommenden Situation abgespielt hat, für die der Zeuge ein Skript entwickelt hat. Das Vorkommen von Skript-Elementen, mit denen fehlendes Detailwissen ergänzt wird, um ein stimmiges Gesamtbild zu ergeben, muss die Glaubhaftigkeit einer Zeugenaussage keineswegs einschränken. Auch in der Glaubhaftigkeits-Beurteilung von Zeugenaussagen durch psychologische Sachverständige wird eine Konstanz der Aussage nur in Bezug auf das Kerngeschehen erwartet, während fehlendes Detailwissen oder inkonstante Aussagen zum peripheren Randgeschehen die Glaubhaftigkeit nicht einschränken müssen (Greuel et al., 1998)

In der Zeugenvernehmung kommt es dann darauf an, Selbst-Erlebtes und Skript-Elemente sorgfältig auseinander zu dividieren. Erfahrungsgemäß nehmen Skript-Elemente im Verlauf mehrerer Vernehmungen eines Zeugen zu, so dass der *Erstvernehmung* eine besondere Bedeutung zukommt. Diese enthält in der Regel die meisten selbst erlebten Aussageelemente und die wenigsten Skript-Elemente, die allerdings nur dann deutlich werden, wenn der Zeuge die Gelegenheit zu einem möglichst nicht unterbrochenen *freien Bericht* hatte.

Klischeevorstellungen bergen ebenfalls die Gefahr, sich mit Erinnerungen zu vermischen und damit zu Verzerrungen zu führen. Gerade offene oder unterschwellige Vorurteile über Personen oder bestimmte Personengruppen können sich in Zeugenaussagen entscheidend niederschlagen. So geht beispielsweise eine Großzahl von Menschen von der Vorstellung aus, dass eine blonde Haarfarbe automatisch mit einer blauen Augenfarbe einhergeht oder dass es einen „Verbrecher"-Phänotypus geben könnte, der sich bei einer Täterbeschreibung im Rahmen einer Vernehmung mit abweichenden individuellen Merkmalen des tatsächlichen Täters vermischen kann (vgl. Hollin, 1980).

Das Phänomen der *voreiligen Schlussfolgerungen* bezieht sich ähnlich wie bei Skripten darauf, dass aus wenigen vorhandenen Informationen Schlussfolgerungen auf das ganze Geschehen gezogen werden. Eine Vermischung von Skript und voreiligen

Schlussfolgerungen findet man beispielsweise bei dem sog. „Knallzeugenphänomen" (siehe Infokasten "Knallzeuge").

Infokasten „Knallzeuge"

Ein Knallzeuge ist ein Unfallzeuge, der angibt, einen Unfallhergang vollständig wahrgenommen zu haben, obwohl er lediglich den „Knall" des Unfalls gehört hat und daraufhin erst die Auswirkungen des Unfalls gesehen hat. Dennoch behaupten derartige Zeugen, den Unfallhergang genau beschreiben zu können. Skriptwissen und Schlussfolgerungen führen somit zu einer Aussage, von der diese Zeugen selbst überzeugt sind. Typische Knallzeugenaussagen sind beispielsweise „es kann ja gar nicht anders gewesen sein" oder „ja, so muss es gewesen sein.

Zeugen können jedoch auch durch die Art der Befragung zu voreiligen Schlussfolgerungen gelangen. Wird ein Unfallzeuge beispielsweise danach gefragt, mit welcher Geschwindigkeit sich die beteiligten Autos *berührt* haben, wird er mit einer hohen Wahrscheinlichkeit eine geringere Geschwindigkeit angeben, als bei der Frage, mit welcher Geschwindigkeit die Autos ineinander „rasten" (Loftus, 1992).

Auch *emotionale Faktoren* spielen beim Abruf von Informationen eine entscheidende und stark beeinflussende Rolle, wenn diese Ereignisse eine persönliche Bedeutung für die jeweilige Person haben. Angenehme Ereignisse werden besser und leichter erinnert, als unangenehme Ereignisse (Pollyanna-Prinzip). Unangenehme Ereignisse sind dazu auch häufig mit Angst verbunden, was einen Abruf dieser Informationen erschwert. Opfer einer Straftat zu werden ist für die meisten Menschen derart traumatisierend, dass die detaillierte Reproduktion der Geschehnisse häufig sehr schwer fällt (siehe unter Opferzeugen). Wurden Opfer zudem mit einem Messer, einer Pistole oder mit anderen Waffen bedroht, ist damit zu rechnen, dass es aufgrund des sog. „Waffenfokus" nahezu unmöglich ist, eine Personenbeschreibung des Täters zu erlangen. Dieses Phänomen lässt sich dadurch erklären, dass Menschen, die mit einer Waffe bedroht werden, durch emotionale Faktoren wie Todesangst einen „Tunnelblick" entwickeln und ihre Aufmerksamkeit ausschließlich auf die Waffe richten, von der die unmittelbare Bedrohung ausgeht (vgl. Greuel et al., 1998).

Parteilichkeit ist ebenfalls ein Einflussfaktor, der Erinnerungen verzerren kann. In diversen Untersuchungen konnte nachgewiesen werden, dass dieses Phänomen besonders häufig bei Fans diverser Mannschaftssportarten wie Fußball oder Eishockey zu finden ist (vgl. Boon & Davis, 1996). Sympathisanten einer Mannschaft machen überdurchschnittlich häufig die Mitglieder der gegnerischen Mannschaft für Regelverstöße verantwortlich, obwohl dies objektiv nicht zutreffend ist.

Welche Auswirkungen *Stress* auf Erinnerungs- und Gedächtnisleistungen haben kann, wurde bereits in Bezug auf die Speicherung von Informationen dargestellt.
Nicht vergessen werden darf, dass die Vernehmungssituation für viele Menschen einen Stressor darstellen kann, der sich negativ auf den Abruf von Informationen auswirkt. Stressoren in Zusammenhang mit einer Vernehmung können u.a. sein:

- Die ungewohnte Situation und unbekannte Örtlichkeit,
- die Unvorhersehbarkeit dessen, was passieren wird,
- falsche Vorstellungen darüber, was bei einer Vernehmung passieren wird,
- das Berichten über belastende oder lange zurückliegende Ereignisse,
- das Befragungsverhalten des Vernehmungsbeamten (Schuld induzierende Fragen, Vorwürfe, Unterstellungen, Zweifel an der Glaubhaftigkeit) oder auch
- Befürchtungen des Zeugen, etwas Falsches zu sagen, etwas zu vergessen, mit dem Täter konfrontiert zu werden oder alles erneut durchleben zu müssen (vgl. Brockmann & Chedor, 1999).

Die Vernehmungssituation ist zwar durch viele mögliche Störungen belastet, eröffnet bei genauerer Kenntnis gedächtnispsychologischer Gesetzmäßigkeiten aber auch eine Reihe von Abrufhilfen, mit denen der Vernehmungsbeamte den Zeugen unterstützen kann. Dem Zeugen können nacheinander unterschiedliche Abrufhilfen gegeben werden, die neben dem situativen *Kontext* auch die Wahrnehmungspräferenzen des Zeugen berücksichtigen (siehe hierzu erneut Kasten 1). In jedem Fall lohnt es sich in der Vernehmung, dem Zeugen nach einem missglückten ersten Abrufversuch weitere Abrufhilfen anzubieten, die jedoch einen Wechsel zu einer anderen Sinnesmodalität, einem anderen Strukturfokus (Ort, Zeit, emotionale Bedeutung) oder einen multimodalen Zugriff beinhalten müssen. Die Mehrfach-Speicherung eines Ereignisses oder Sachverhaltes wurde erstmalig in Paivios Doppelkodierungs-Theorie (1971, 1990) ausgeführt und ist im Wesentlichen auch mit neueren Arbeiten zum Arbeitsgedächtnis (Baddeley, 2003; Baddeley & Hitch, 1974) vereinbar (siehe Infokasten „Die Doppelkodierungs-Theorie").

Infokasten „Die Doppelkodierungs-Theorie"

In der Doppelkodierungs-Theorie ging Paivio (1971) lange vor der neurowissenschaftlichen Wende innerhalb der Psychologie von zwei relativ unabhängig voneinander arbeitenden Kodierungsarten aus, einem für verbal-begriffliche und einem weiteren für bildhaft-räumliche Information. Paivio nahm an, dass sprachliche Informationen *sequenziell* verarbeitet und abgespeichert werden, während visuell-räumliche, aber auch taktile, olfaktorische und gustatorische Informationen *analog* bzw. synchron verarbeitet und gespeichert werden. Im Grunde nahm Paivio die spätere neuropsychologische Grundannahme vom modularen Aufbau und der relativen Eigenständigkeit verschiedener kognitiver Systeme bereits vorweg. Paivios Doppelkodierungs-Theorie erinnert auch an Baddeleys (2003 ; Baddeley & Hitch, 1974) frühes Konzept des Arbeitsgedächtnisses, das neben einem integrierenden episodischen Puffer sowohl ein visuell-räumliches Notizbuch und eine phonologische Schleife enthält, die von einem übergeordneten System, der zentralen Exekutive, überwacht werden.

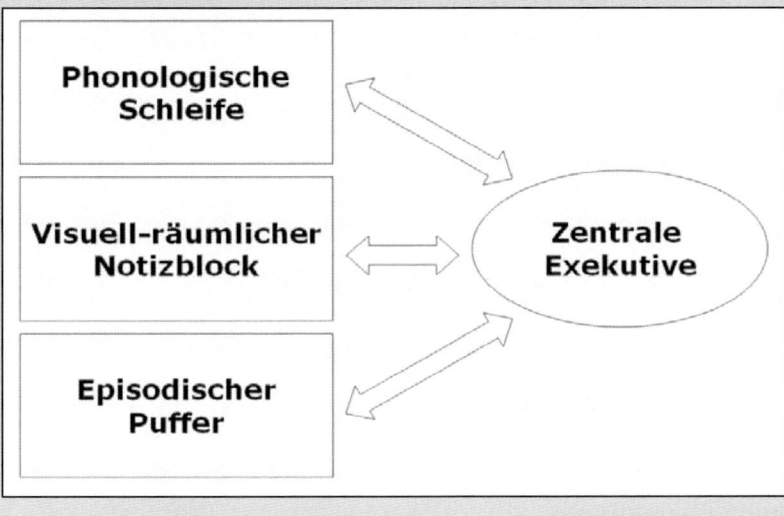

11. Der Umgang mit „schwierigen" Zeugen

Manche Personengruppen wie geistig behinderte Zeugen, schweigsame, ängstliche oder „widerständige" Menschen gelten häufig als „schwierige" Zeugen, denen manche Vernehmungsbeamte mit Vorbehalten begegnen. Zu denjenigen Personen, die als „widerständig" bezeichnet werden, zählen beispielsweise solche mit querulatorischen oder vorwurfsvollen Haltungen, die eine besondere Geduld erfordern. *Vernehmungswiderstände* sind selten durch den Vernehmungsgegenstand begründet, sondern beruhen weitaus häufiger auf Persönlichkeitseigenschaften oder früheren Erfahrungen des Zeugen, so dass man ihnen am besten auf der Beziehungsebene begegnen kann (siehe Tab. 3):

Tabelle 3:
Der Umgang mit „schwierigen" Zeugen.

Umgang mit „schwierigen" Zeugen
1. Auf die Person des Zeugen (auch emotional) eingehen   • Was ist das für ein Mensch?   • Welche Werte, Einstellungen und Erfahrungen sind für ihn charakteristisch? (Kultur, Konfession, Lebensumstände beachten)   • Welche Motive (z.B. Geltungsbedürfnis) spielen eine Rolle?
2. Einen gemeinsamen „Vernehmungsrhythmus" entwickeln   • Tonfall, Stimmlage, Sprechtempo dem Zeugen anpassen,   • eine gemeinsame „Sprache" finden,   • absolute Sicherheit ausstrahlen (auch nonverbal),   • bei vorhandenem Einvernehmen die Führung übernehmen und zur eigentlichen Vernehmung übergehen.
3. Den Zeugen durch die Vernehmung „führen"   • Das genaue Vorgehen zuvor ankündigen und bei Bedarf erklären,   • genaue Instruktionen geben, was vom Zeugen erwartet wird,   • niemals ungeduldig werden.
4. Zwischenergebnisse absichern   • Befragungsergebnisse bei langem Redeanteil des Zeugen etappenweise kurz zusammenfassen und   • wichtige Kernaussagen wiederholen, um Aufmerksamkeit zu signalisieren.

Schwierige Vernehmungssituationen können aber auch entstehen, wenn Zeugen durch Tatbeteiligte im Vorfeld der polizeilichen Ermittlungen *bedroht* worden sind oder derartige Bedrohungen im Verlauf der Ermittlungen ausgesprochen werden. Bedrohungen müssen – wie das Fallbeispiel 6 gezeigt hat – keineswegs direkt erfolgen, auch anonyme oder symbolische Bedrohungen können das Zeugenverhalten entscheidend beeinflussen (siehe Fallbeispiel 11).

Fallbeispiel 11: *Eine Gewehrpatrone im Briefkasten*

Im Zuge der Ermittlungen zu einem Tötungsdelikt suchten die beiden Verfasser zusammen mit der zuständigen Staatsanwältin eine Zeugin auf. Während der Belehrung wurde der Zeugin mitgeteilt, gegen wen sich die Ermittlungen richteten. Daraufhin begann die Zeugin heftig zu zittern und zu weinen, sie war kaum zu beruhigen. Wenig später holte sie aus ihrem Wohnzimmerschrank eine Gewehrpatrone im Kaliber 7,62 und warf diese auf den Wohnzimmertisch mit der Bemerkung, dass sie diese – zusammen mit einem Zeitungsbericht über die Mordermittlungen – vor Kurzem in ihrem Briefkasten gefunden habe.

Die anschließende Zeugenvernehmung gestaltete sich sehr schwierig, weil die Zeugin aus Angst vor Vergeltung zunächst keine Aussage machen wollte. Erst im Verlauf von insgesamt drei mehrstündigen Vernehmungen war die Zeugin bereit und in der Lage, Aussagen zum Sachverhalt zu machen und dies auch erst, nachdem Maßnahmen des polizeilichen Zeugenschutzes organisiert werden konnten.

Das Fallbeispiel 7 zeigt, dass es keineswegs immer Merkmale und Eigenschaften des Zeugen sein müssen, die einen Zeugen „schwierig" werden lassen und eine Vernehmung mühsam gestalten. Im Umgang mit bedrohten Zeugen haben sich folgende Verhaltensregeln bewährt:

Tabelle 4:
Verhaltensregeln im Umgang mit bedrohten Zeugen.

Verhaltensregel im Umgang mit bedrohten Zeugen
• Machen Sie deutlich, dass Ihnen die Sicherheit des Zeugen wichtiger ist als eine Aussage. • Üben Sie keinen unnötigen Druck aus, sondern geben Sie dem Zeugen das Gefühl, in Ihrer Gegenwart absolut sicher zu sein. • Vermeiden Sie Heimlichkeiten und seien Sie transparent: Führen Sie Telefongespräche mit Dienststellen offen, sehen Sie den Zeugen dabei an, sprechen Sie ruhig und sachlich. • Vermitteln Sie das Gefühl, dass nicht nur Sie persönlich um die Sicherheit des Zeugen bemüht sind, sondern dass das gesamte polizeiliche Netzwerk für den Zeugen da ist. • Machen Sie deutlich, dass Sie die Zwickmühle, in der sich der Zeuge befindet, verstehen. • Nehmen Sie sich viel Zeit für die Rapport-Phase zu Beginn der eigentlichen Zeugenaussage, seien Sie sehr geduldig. • Stabilisieren Sie den Zeugen immer wieder von Neuem, wenn er Angst zeigt. Wiederholen Sie Sicherheit signalisierende Formeln mehrfach, sie können dem Zeugen als Sicherheits-Anker dienen, an denen er sich „festhalten" kann. • Verabreden Sie Schutzmaßnahmen, bevor Sie die Vernehmung beenden. Ermutigen Sie den Zeugen, sich sofort über Notruf an die Polizei zu wenden, wenn er sich gefährdet fühlt. • Melden Sie sich am Tag nach der Vernehmung bei dem Zeugen und erkundigen Sie sich – ohne Vernehmungsanlass - nach seinem Befinden.

V Die Opferzeugen-Vernehmung

12. Opfer von Sexualstraftaten

Die Vernehmung von Zeugen, die Opfer eines Sexualdeliktes geworden sind, gehört zwar zu den Routinetätigkeiten der Polizeibeamten der entsprechenden Fachkommissariate, sie stellt jedoch eine ganz besondere Herausforderung dar, weil Opferzeugen auf ein äußerlich betrachtet vergleichbares Geschehen vollkommen unterschiedlich reagieren können.

Hinzu kommt, dass auch erwachsene Opferzeugen in einer späteren Hauptverhandlung von Seiten der Verteidigung des Angeklagten mit einem Glaubwürdigkeitsentzug konfrontiert werden können. Ein in diesem Fall eingeholtes psychologisches Gutachten zur Glaubhaftigkeit der Aussage(n) des Opferzeugen wird ein besonderes Augenmerk auf die Angaben der polizeilichen Erstvernehmung legen, die nicht nur gut dokumentiert, sondern möglichst detailreich sein muss, um eine Einschätzung überhaupt zuzulassen.

Eine detailreiche Zeugenaussage ist auch zur Ermittlung des Straftatbestandes unabdingbar. Zwar möchte der Zeuge das eigentliche Tatgeschehen vielleicht nur andeuten oder so allgemein wie möglich schildern, ein Herausarbeiten der konkreten Umstände des gesamten Ereignisses erlaubt aus ermittlungs- und strafverfolgungstechnischer Sicht aber erst eine Einschätzung darüber, ob es sich beispielsweise um eine sexuelle Nötigung oder eine Vergewaltigung gehandelt haben könnte.

Weiterhin bestimmt der Verlauf der polizeilichen Erstvernehmung auch die Bereitschaft des Zeugen, in einer späteren Hauptverhandlung überhaupt auszusagen. Im ungünstigsten Fall kommt es zu einer Aussageverweigerung, die bei fehlenden Sachbeweisen oder weiteren Zeugenaussagen zu einer Einstellung des Verfahrens oder zu einem Freispruch führen können (siehe hierzu Infokasten „Folgen fehlender Operzeugen-Aussage").

Infokasten „Folgen fehlender Opferzeugen-Aussage".

Opfer sagt nicht aus
Freispruch im Missbrauchs-Prozess

DELMENHORST (RH). Mit einem Freispruch endete gestern vor dem Schöffengericht Delemenhorst der Prozess gegen einen 56-jährigen Kraftfahrer wegen mehrfachen sexuellen Missbrauchs von Kindern. Nach längerer Beweisaufnahme war es der Staatsanwaltschaft nicht gelungen, die für eine Verurteilung erforderlichen Beweise gegen den Angeklagten zu liefern. Allerdings appellierte der Vorsitzende Richter anschließend massiv an den 56-Jährigen, sich selbstkritisch mit seiner Neigung zu kleinen Mädchen auseinanderzusetzen. Er werde sonst rasch in die Gefahr kommen, die Grenzen zur Strafbarkeit zu überschreiten.

Ohnehin war das gestrige Verfahren in zwei Fällen der angeblichen sexuellen Annäherung an ein Kind im gemeinsam genutzten Bett nur daran gescheitert, dass das angebliche Opfer in nichtöffentlicher Sitzung von seinem Aussageverweigerungsrecht Gebrauch machte. Die Begründung der Jugendlichen hatte dabei beim Gericht alle Alarmglocken in Gang gesetzt. Sie wolle mit dem Geschehen nicht wieder konfrontiert werden, sie wolle aber auch nicht, dass sich solche Situationen wiederholten, erläuterte der Vorsitzende Richter die Entscheidung des Mädchens. [...]
(Delmenhorster Kreisblatt, 21. August 2007)

Die *Aussagebereitschaft* und auch die Fähigkeit, über das Geschehene überhaupt mit einem Polizeibeamten, der für den Zeugen ein Fremder ist, zu sprechen, hängt von verschiedenen Faktoren ab, die zwar vom Vernehmungsbeamten nicht beeinflusst werden können, auf die er aber sensibel eingehen kann:

- Der Zeuge kann (bei zeitnaher Vernehmung zum Tatgeschehen) unter einer akuten *Belastungsreaktion* (ABR) oder bei späterer Vernehmung unter einer akuten Belastungsstörung (ABS) bzw. einer chronischen *Posttraumatischen Belastungsstörung* (PTBS) leiden;
- er kann sich hinsichtlich des Ereignisses *Selbstvorwürfe* machen oder sich sogar schuldig fühlen;
- er kann *Schuldvorwürfen durch Dritte* (Eltern, Partner) ausgesetzt gewesen sein; und
- er kann befürchten, dass ihm nicht geglaubt wird (*befürchteter Glaubwürdigkeitsentzug*).

Da diese Faktoren zu unterschiedlichen Zeitpunkten nach dem Erleben des eigentlichen Verbrechens, der ersten Opferwerdung bzw. der primären Viktimisierung, auftreten, wird der dadurch ausgelöste Prozess in der Kriminologie und Kriminalpsychologie auch *sekundäre Viktimisierung* genannt. Weitere Faktoren, die zu einer erneuten Opferwerdung beitragen können, sind die rechtsmedizinische Untersuchung nach einem Sexualdelikt, aber unter Umständen auch eine ungeschickt durchgeführte Opferzeugen-Vernehmung (vgl. Teichert & Gölnitz, 2009).

Um eine ungewollte sekundäre Viktimisierung durch die polizeiliche Vernehmung zu vermeiden und um gleichzeitig unter den besonderen Umständen eines erlebten Sexualdelikts eine gerichtsverwertbare Opferzeugenaussage zu erhalten, sind folgende Empfehlungen hilfreich:

In den meisten Fällen erfolgt die Erstvernehmung zeitnah zum Geschehen. Opferzeugen können zu diesem Zeitpunkt Anzeichen einer *akuten Belastungsreaktion* (ABR) aufweisen (vgl. Boos & Müller, 2006; Fiedler, 2001; siehe Infokasten „Anzeichen einer akuten Belastungsreaktion").

Infokasten „Anzeichen einer akuten Belastungsreaktion" (nach Boos & Müller, 2006, Fiedler, 2001)

- Vegetative Stressreaktionen wie Schwitzen, Herzrasen, Übelkeit oder Zittern,
- ein erhöhtes Erregungsniveau (Hyperarousal), das sich durch erhöhte motorische Unruhezustände äußert (z.B. starker Bewegungsdrang, Fluchttendenzen, Schreien, stereotype Bewegungsabläufe),
- Bewusstseinseinengung, Wahrnehmungs- und Reizverarbeitungs-störungen, sowie Desorientiertheit können dazu führen, dass die betroffene Person wichtige Aspekte der Situation nicht erfassen kann und oftmals unangebrachte und bizarre Handlungen durchführt,
- dissoziative Gefühlszustände, die zu einer Veränderung der Wahrnehmung der eigenen Person und der Umwelt führen (Depersonalisation, Derealisation), aber auch gegenteilige Symptome wie
- Betäubung, Bewegungsstarre und Apathie bis hin zum Stupor („Versteinerung", „Erstarrung").

In manchen Fällen kann man vollkommen unerwartete und sogar bizarre Reaktionen des Opferzeugen beobachten, auf die man immer gefasst sein muss und die eine Vernehmung zu diesem frühen Zeitpunkt unter Umständen sogar unmöglich machen. Es können auch paradox erscheinende Reaktionen des Opferzeugen vorkommen, etwa

- ein hysterisches Lachen,
- das gedankliche „Kleben-Bleiben" an belanglosen Details,
- ein emotionslos erscheinender Berichtsstil oder
- offenkundig unstimmige oder übertriebene Schilderungen.

Diese und mögliche andere Anzeichen einer akuten Belastungsreaktion lassen zu diesem Zeitpunkt keine Aussage über den Wahrheitsgehalt und die Glaubwürdigkeit des

Zeugen zu, sondern sollten eher als Hinweis genommen werden, dass der Zeuge zunächst psychisch stabilisiert werden muss, bevor eine weitere Vernehmung sinnvoll ist.

Ist dem Opferzeugen nach dem Tatgeschehen eine Stabilisierung aus eigener Kraft oder mit Hilfe von Dritten nicht gelungen, kann sich einige Tage bis etwa vier Wochen nach dem Ereignis eine *akute Belastungsstörung* (ABS) herausbilden. Auch hierfür lassen sich einige typische Anzeichen erkennen (siehe Infokasten „Anzeichen einer akuten Belastungsstörung"; Boos & Müller, 2006; Fiedler, 2001). Auch eine ABS, die sich bei noch längerer Dauer zu einer behandlungsbedürftigen *Posttraumatischen Belastungsstörung* (PTBS) entwickeln kann, kann sich ungünstig auf das Vernehmungsverhalten auswirken, so dass die charakteristischen Merkmale bekannt sein sollten.

Infokasten „Anzeichen einer akuten Belastungsstörung" (nach Boos & Müller, 2006, Fiedler, 2001)

- *Ein Wiedererleben* des Ereignisses (Intrusion) in Form von Albträumen oder wiederkehrenden und belastenden Erinnerungen (sog. „Flashbacks"), die häufig durch Hinweisreize wie Geräusche oder Gerüche ausgelöst werden, die an die belastende Situation erinnern,
- starke psychische oder physische Belastungssymptome bei einer Konfrontation mit Situationen oder Situationsmerkmalen, die an das Trauma erinnern,
- ein anhaltendes *Vermeidungsverhalten* wie Gedanken- oder Gefühlsvermeidung bezüglich des Traumas, vermindertes Interesse an Aktivitäten und am sozialen Leben, sowie Entfremdungsgefühle von der Umgebung (Derealisation) oder dem eigenen Körper (Depersonalisation),
- die Unfähigkeit, sich an wichtige Aspekte des Traumas zu erinnern (Teilamnesie) und
- eine deutliche Steigerung des allgemeinen Erregungsniveaus (Hyperarousal), die sich durch Schlaf- und Konzentrationsstörungen, Angst, Reizbarkeit und Wutausbrüchen sowie Schreckhaftigkeit, Stimmungsschwankungen und erhöhte Wachsamkeit (Hypervigilanz) äußern kann.

Vor allem ein ausgeprägtes *Vermeidungsverhalten* kann Nachvernehmungen sehr schwierig gestalten, weil der Opferzeuge versucht, sich einer erneuten Befragung zu entziehen durch

- (mehrfaches) „Vergessen" von Vernehmungsterminen,
- Hinauszögern von Vernehmungen (dringende Arztbesuche, Unpässlichkeit, Zeitmangel usw.),
- ausweichendes Verhalten zu Beginn einer Vernehmung („eigentlich passt mir das heute gar nicht", so viel kann ich dazu gar nicht sagen", „vielleicht sollte man das auf sich beruhen lassen),
- Abschweifen auf unwichtige Details während der Vernehmung.

Auch in diesen Fällen könnte man versucht sein, diese Anzeichen einer ABS als verdeckte Zurücknahme der Anzeige zu deuten oder an der Glaubhaftigkeit der Aussage zu zweifeln. Stattdessen lässt sich meist mit sehr viel Geduld und einer ausführlichen Rapport-Phase, unter Umständen auch unter Hinzuziehen eines Polizeipsychologen, doch noch eine Aussage erhalten.

Ein weiteres Problem für die Opferzeugenvernehmung kann sich durch die Anwesenheit von *Begleitpersonen* ergeben. Obwohl die Anwesenheit von Vertrauenspersonen oder – im Falle von minderjährigen Opferzeugen der Erziehungsberechtigten – zulässig ist, kann aus kommunikationspsychologischer Sicht davon nur abgeraten werden. Zum einen sind die Begleitpersonen häufig durch das Geschehen ebenfalls massiv belastet und stellen daher oft keine wirkliche Unterstützung für den Opferzeugen dar, zum anderen können sie durch ihr (verbales und nonverbales) Verhalten massiv Einfluss auf die Zeugenaussage nehmen:

- Sie können *direkte Schuldvorwürfe* gegen den Opferzeugen richten („Wofür haben wir dir denn das Handy gekauft, wenn du es nicht benutzt"; „wir hätten dich doch abgeholt, wenn du angerufen hättest"; „ich hab dir schon tausendmal gesagt, dass du so nicht in die Disco gehen sollst")
- Sie können bei ihnen bisher unbekannten oder besonders unangenehmen Details des Tatgeschehens paraverbale Signale der Belastung äußern (Seufzen, Schluchzen) oder durch nonverbale Zeichen (Kopfschütteln, Veränderung der Körperhaltung) die *Aussagebereitschaft* des Zeugen hemmen und
- Sie können direkt in das Vernehmungsgeschehen *eingreifen* („muss das denn jetzt wirklich sein", „ich finde, das geht jetzt aber zu weit"; „Sie hören doch, dass Andrea nicht mehr dazu sagen kann").

Um einerseits das Bedürfnis nach Unterstützung durch die Begleitperson anzuerkennen und gleichzeitig die ungünstigen Auswirkungen einer Einflussnahme zu vermeiden, empfiehlt es sich, die Begleitperson zu veranlassen, auf eine direkte Anwesenheit bei der Vernehmung im Interesse des Opferzeugen zu verzichten:

Während der anschließenden Vernehmung eines Opferzeugen ist mit weiteren kommunikativen Barrieren zu rechnen, die nur mit sehr viel Geduld, einer gleichzeitig Sicherheit und Empathie vermittelnden Rapport-Phase und der Beachtung einiger Vernehmungsregeln überwunden werden können.

Vor allem zu Beginn der Vernehmung kann es zu ausgedehnten *Schweigephasen* kommen, in denen der Opferzeuge keinerlei Blickkontakt mit dem Vernehmungsbeamten aufnimmt, möglicherweise hemmungslos weint und zu einer zusammenhängenden Aussage nicht in der Lage ist. In dieser Phase kann der Opferzeuge auch nicht durch moralische Appelle oder Druck zu einer Aussage veranlasst werden.

Auch ein vorsorgliches Einstimmen auf „unangenehme Fragen" verstärkt in der Regel den Aussagewiderstand des Opferzeugen und führt meist nicht zu einer höheren Aussagebereitschaft:

Tabu!

„Frau B., es tut mir auch wirklich sehr leid. Ich weiß, dass das alles ganz schlimm für Sie gewesen sein muss. Ich muss Ihnen aber trotzdem gleich einige sehr unangenehme Fragen stellen.

Stattdessen hat es sich bewährt, Sicherheit zu vermitteln, sich nicht nur in seiner Funktion, sondern auch als Person vorzustellen, den Opferzeugen mit seinem Namen anzusprechen (Personalisieren) und vorab zur Orientierung kurz zu beschreiben, wie die Vernehmung ablaufen wird. Diese Einführung kann gut mit der Belehrung verknüpft werden

Vorschlag

„Frau B., ich möchte mich Ihnen erst einmal vorstellen. Mein Name ist Nadine D. und ich bin als Polizeibeamtin jetzt für Sie da. Damit wir gemeinsam herausfinden, was passiert ist. Dazu ist es wichtig, dass Sie gleich alles genau so berichten wie es sich abgespielt hat. Ich glaube Ihnen alles, was Sie mir gleich sagen. Sagen Sie einfach, was Sie erlebt haben, und dass Sie als Zeugin die Wahrheit sagen müssen, auch wenn Ihnen selbst etwas passiert ist, können Sie sich sicher vorstellen. Ich möchte Sie jetzt bitten, einfach mal anzufangen. Wir haben genug Zeit und ich lasse Sie jetzt erst einmal berichten. Wenn ich noch Fragen habe, stelle ich die dann nachher. Fangen Sie doch bitte einfach mal an."

Auch nach dieser Vorstellungs-, Personalisierungs- und Orientierungsphase kann es eine Weile dauern, bis der Opferzeuge zu einem zusammenhängenden Bericht in der Lage ist. Nonverbale Signale, die eine noch nicht (vollständig) vorhandene Aussagebereitschaft anzeigen, können hierzu einen wichtigen Hinweis geben (siehe Abbildungen 32 und 33).

- Vermeiden von Blickkontakt,
- verschlossene Körperhaltung (vor der Brust verschränkte Arme, „verknotete" Beine),
- stereotype Wiederholungen von Bewegungsabläufen zur Selbstregulierung (Kneten oder Reiben der Hände oder Arme, Schaukelbewegungen des Oberkörpers),
- unbemerktes „Zerpflücken" von Taschentüchern,
- geschlossene, schützende Stellung der Füße (Spitze an Spitze),
- „Schutzsuche" in der Kleidung (z.B. die Ärmel des Pullovers über die Hände ziehen, Pullover über die Hüften ziehen, Gesicht hinter einem Halstuch, Schal oder Rollkragen verbergen) und / oder
- Verbergen des Gesichts hinter den herab fallenden Haaren.

Abbildung 32:
Charakteristische körpersprachliche Signale bei Opfern von Sexualdelikten (Liste).

Abbildung 33:
Charakteristische körpersprachliche Signale bei Opfern von Sexualdelikten (Foto).

Mit der eigentlichen Befragung zum Tatgeschehen sollte erst dann begonnen werden, wenn ein erkennbarer *Kontakt* zwischen den Beteiligten hergestellt wurde. Dieser erste Kontakt als Zeichen einer beginnenden Aussagebereitschaft kann eine erste direkte Blickverbindung zwischen dem Opferzeugen und dem Vernehmungsbeamten sein, er kann sich aber auch in einer spürbaren Veränderung der Körperhaltung äußern.

Tabu!

Es sollte unbedingt vermieden werden, durch tröstende *Berührungen* des Opferzeugen einen Kontakt erzwingen und die Aussagebereitschaft erhöhen zu wollen. Bedenken Sie bitte, dass Ihr Opferzeuge vor Kurzem einen überraschenden Angriff auf die eigene körperliche Unversehrtheit durch ungewollte Berührungen erlebt hat. Eine Wiederholung von Berührungen durch eine fremde Person kann – auch wenn sie tröstend gemeint ist – eine Retraumatisierung bewirken und verstärkt in der Regel nur die Verteidigungshaltung Ihres Opferzeugen.

Bei sehr lange schweigenden, weinenden oder wie „eingefroren" wirkenden Opferzeugen kann eine behutsame Kontaktaufnahme manchmal dadurch ermöglicht werden, dass der Vernehmungsbeamte ein wenig über sich selbst berichtet. Dadurch soll die Konzentration des Opferzeugen auf sich selbst und seine Gefühle abgelenkt und auf den Vernehmungsbeamten und die Vernehmungssituation „umgelenkt" und neu fokussiert werden. Diese Strategie ist jedoch nur wirksam, wenn sie

- mit zunächst wenigen Worten,
- zugewandter, aber nicht bedrängender Körperhaltung,
- leiser Stimme und
- sehr langsamem Sprechrhythmus

versucht wird. Achtet man dabei sehr genau auf die Körpersprache des Opferzeugen, lässt sich sehr gut beobachten, ob diese behutsame Ansprache zu einer Kontaktannahme oder zu einem weiteren Rückzug führt:

Vorschlag

„Ich hatte mich ja vorhin schon einmal kurz vorgestellt, aber Namen kann man ganz schnell wieder vergessen. (…) Ich bin [Vorname und Nachname]. (…) Sie haben ja gesehen, dass ich bei der Polizei arbeite. (…) Ich bin schon ziemlich lange bei der Polizei und hab' das nie bereut, auch wenn man dabei eine Menge erlebt, was Menschen anderen Menschen so antun können. (…) Für mich ist immer noch wichtig, dass diejenigen bestraft werden, die so etwas tun. (…) Vielleicht können Sie mir ja gleich sagen, was Ihnen passiert ist. (…)"

In einer derart schwierigen Ausgangslage einer Opferzeugen-Vernehmung spielt der Inhalt der Äußerungen und Fragen des Vernehmungsbeamten keine so entscheidende Rolle. Viel wichtiger ist es, durch ein gezieltes Einsetzen nonverbaler und paraverbaler Signale und ihre behutsame Veränderung einen Kontakt zum Opferzeugen überhaupt erst herzustellen und in eine Aussage einmünden zu lassen. Bei dieser in der Psychotherapieform des „Neurolinguistischen Programmierens" (NLP) auch als „Pacing" (Synchronisieren) und „Leading" (die Führung übernehmen) bezeichneten Technik passt sich der Vernehmungsbeamte zunächst der Ausgangslage des Opferzeugen an, um ihn dann schrittweise zu

- ersten bzw. mehr sprachlichen Äußerungen,
- mehr Blickkontakt und Aufmerksamkeit,
- einer lauteren Stimme und
- einem etwas schnelleren Sprechtempo

zu führen.

Die nächste Hürde der Vernehmung kann darin bestehen, dass es dem Opfer einer Sexualstraftat unangenehm ist, das eigentliche Tatgeschehen zu schildern. Vor allem intime Details, die Art und Dauer der Gewaltanwendung und Beschimpfungen durch den Täter werden oft umgangen, sind für die strafrechtliche Würdigung aber von großer Bedeutung. Häufig kann man bei Opferzeugen-Vernehmungen die Beobachtung machen, dass es im Zusammenhang mit dem Kerngeschehen zu *Zeitsprüngen* kommt: Während die Vortatphase- und andere Details des Randgeschehens vergleichsweise detailliert geschildert wurden, wird dann die eigentliche sexuelle Tathandlung „übersprungen" und die Nachtatphase wieder ausführlicher dargestellt:

„Naja, mir war der Typ in der Disco vorher schon aufgefallen. Der hat versucht, immer mit mir Blickkontakt aufzunehmen, hat immer so rübergeschaut und so. Aber da habe ich gar nicht darauf geachtet. Und, naja, dann bin ich ja nachher raus und wollte nach Hause und bin dann durch den Park da hinter der Disco. Und nach einiger Zeit hab ich dann gemerkt, dass da einer hinter mir ist, hab halt die Schritte gehört. Die wurden auch immer schneller und dann bin ich auch schneller gegangen und der dann auch wieder und so weiter. Und als dann alles vorbei war, da bin ich ja so schnell ich konnte zu dem Taxenstand am anderen Ende des Parks gerannt und dann hat da ja einer von den Taxifahrern die Polizei gerufen. Und den Krankenwagen. Die waren ja dann auch ganz schnell da und da hab ich dann heißen Tee bekommen, das hat gut getan. (…)"

Eine derartige Aussage, in der das eigentliche Kerngeschehen der Tat, eine Vergewaltigung, überhaupt nicht geschildert wird, lässt sich meist nicht durch Druck konkretisieren. Vielmehr hat es sich bewährt, durch ein mehrfaches Einengen des fraglichen Zeitfensters die „Lücke" schrittweise zu füllen:

„Ja, das war gut, dass die Helfer sofort da waren. Sie hatten gerade gesagt, dass Sie im Park dann die Schritte gehört haben, die wurden ja auch immer schneller. Wie ging es dann weiter?"

„Sie sagten, er hat sie dann von hinten angegriffen und zu Boden gezogen. Was ist danach passiert? „

„Er hat sich dann also auf Sie gesetzt. Und dann?"

(...)

Durch ein mehrfaches und geduldiges neues Anknüpfen an vorherige Äußerungen des Opferzeugen, bei dem man sich als Vernehmungsbeamter schrittweise dem Kerngeschehen nähert, gelingt es dann zumeist, das anfangs große Zeitfenster der „umgangenen" eigentlichen Tathandlung zu verringern.

Eine weitere schwierige Situation kann sich nach der Aussage ergeben, wenn Opferzeugen ihrerseits Fragen stellen und entweder nach dem Erfolg der polizeilichen Maßnahmen oder nach dem Strafmaß fragen:

„Sie kriegen den Täter doch ganz sicher, oder?"

„Der muss doch dann sofort ins Gefängnis und kommt so bald nicht mehr raus?"

„Für so was kriegt man doch mindestens zehn Jahre, oder?"

Diese Äußerungen von Opferzeugen sind oft gar nicht als echte Fragen gemeint, sondern haben vielfach eine *Appellfunktion*. Der Opferzeuge möchte sicherstellen, dass von Seiten der Polizei alles getan wird, um den Täter zu ermitteln und dass es irgendeine Form von Bestrafung für die Tat gibt. Es kommt also weniger darauf an, die Polizeiliche Kriminalstatistik oder das Strafgesetzbuch zu befragen, sondern das Bedürfnis nach Hilfe und Unterstützung aufzugreifen. Wenig hilfreich sind daher ausweichende Antworten, etwa

Tabu!

„Als Polizist bin ich nur für die Strafverfolgung zuständig, das Strafmaß macht dann später der Richter."

„Ob es zu einer Anklage vor Gericht kommt, kann ich jetzt auch nicht sagen. Das entscheidet der Staatsanwalt."

Vielmehr kann man auf diese appellativen Fragen mit so genannten „Truismen" antworten. Damit sind allgemeine Äußerungen gemeint, die in ihrer Allgemeinheit immer zutreffen (aus dem Englischen: „true" = wahr) und die dem Vernehmungsbeamten helfen, den eigentlichen Wunsch des Opferzeugen nach Unterstützung zu erfüllen, ohne selbst lügen zu müssen oder sich auf juristisches „Glatteis" zu begeben:

Vorschlag

„Glauben Sie mir, wenn es mir nicht darum gehen würde, Verbrecher hinter Schloss und Riegel zu bekommen, wäre ich nicht zur Polizei gegangen."

„Sie können mir glauben, dass wir wirklich alles tun, um den Täter zu kriegen."

„Wer so etwas mit Ihnen gemacht hat, gehört hart bestraft."

Die nachfolgende Übersicht enthält noch einmal in einer Zusammenfassung die wichtigsten Regeln und Empfehlungen für die Vernehmung von Personen, die Opfer eines Sexualdeliktes geworden sind (siehe Tab. 5; vgl. hierzu auch Brockmann & Chedor, 1999; Hermanutz & Litzcke, 2006; Milne & Bull, 2003).

Tabelle 5:
Empfehlungen für Vernehmungen von Opfern von Sexualdelikten.

Empfehlungen für Vernehmungen von Opfern von Sexualdelikten

Rapport

- extrem wichtig, um eine tragfähige (Arbeits-) Beziehung sicherzustellen,

Sicherheit vermitteln

- verbal und nonverbal ausdrücken
- Nicht auf „unangenehme" Fragen einstellen

Körperkontakt vermeiden

- Körperkontakt (auch zum Trost) vermeiden
- Das Reichen von Taschentuch oder Getränk genügt

Befragung zum Tatgeschehen nicht zu früh

- mit der Befragung zum Tatgeschehen erst beginnen, wenn ein mindestens minimaler (Blick-) Kontakt zum Opferzeugen besteht

"Pacing" und „Leading"

- auf nonverbale Signale des Opferzeugen achten und eigenes Vernehmungsverhalten anpassen

Vernehmung möglichst ohne Begleitperson durchführen

- Begleitperson für Unterstützung danken und später mit ihr sprechen

gute Dokumentation

- wörtlich protokollieren (Video oder mindestens Tonband)
- bei kindlichen Opferzeugen: immer Video-Vernehmung

Kommunikationsregeln

- dem Opfer keine Vorwürfe machen,
- viel Zeit einplanen, Geduld zeigen und Pausen aushalten,
- keine Bagatellisierungen („da kommen Sie schon wieder drüber weg"; „bald haben Sie das alles schon wieder vergessen"; „das Leben geht weiter"),
- keine eigenen Bewertungen äußern („das sehen Sie jetzt aber falsch"),
- einfache Sätze formulieren, nicht zu viel Information auf einmal vermitteln,
- auf Fremdwörter und Fachjargon verzichten,
- keine Unterbrechungen zulassen oder Pausen anbieten

"Truismen"

- bei bedrängenden Fragen allgemeine Aussagen („Truismen") verwenden

13. Geistig behinderte Opferzeugen

Aus der klinischen Erfahrung ist bekannt, dass gerade Mädchen und junge Frauen mit einer geistigen Behinderung einem erhöhten Risiko ausgesetzt sind, sexuell genötigt und ausgenutzt zu werden. Dies hängt mit der unzureichenden Fähigkeit, soziale Signale rechtzeitig korrekt zu deuten und selber auch eindeutige soziale Signale zu setzen, zusammen. Auch die starke Abhängigkeit von der Zuwendung durch andere Personen begünstigt situative Konstellationen, in denen die Betroffenen sich gegen Nötigungen und Missbrauchserfahrungen nicht entschlossen genug wehren können.

Geistig behinderte Zeugen werden von Vernehmungsbeamten oft als „schwierig" eingeschätzt. Tatsächlich rechtfertigt aber selbst das Vorliegen einer nachgewiesenen geistigen Behinderung oder einer tiefgreifenden Entwicklungsstörung nicht grundsätzlich die Annahme einer eingeschränkten Erinnerungsfähigkeit des (Opfer-) Zeugen. Tatsächlich verfügen Zeugen mit bestimmten Behinderungen (z.B. beim Asperger-Autismus oder bei manchen genetischen Syndromen) zumindest in Teilbereichen über eine hervorragende Gedächtnisleistung (vgl. Heubrock, 2008; Heubrock & Petermann, 2000). Noch mehr als bei der Befragung von Kindern ist bei behinderten Zeugen besonders darauf zu achten, dass der Vernehmungsbeamte seinen Befragungsstil an die kommunikativen Fähigkeiten des Zeugen anpasst. Da geistig behinderte Menschen sehr empfänglich für Suggestionen sind, ist die Art der Frageformulierungen für die Qualität einer Aussage entscheidend. Dabei sind einige Besonderheiten zu berücksichtigen:

- Ja/Nein-Fragen ⇨ ausgeprägte Zustimmungstendenz,
- mangelnde Verständnisüberprüfung,
- übermäßiger Druck,
- Anbieten von Beschreibungen,
- begrenzte Auswahlmöglichkeiten,
- Ignorieren von Informationen und
- Fragenwiederholung.

Geistig behinderte Menschen bemühen sich in der Vernehmung häufig sehr intensiv um das Wohlwollen des Vernehmungsbeamten (siehe auch Infokasten „Körperkontakt durch geistig behinderte Zeugen"). Bei der Formulierung ist daher ganz besonders darauf zu achten, dass aufgrund einer ausgeprägten Zustimmungstendenz auf Fragen verzichtet werden sollte, die nur mit „ja" oder „nein" zu beantworten sind. Auch das Anbieten von vorgegebenen Beschreibungen oder Fragen mit begrenzten Auswahlmöglichkeiten sind aus diesem Grund nicht hilfreich; sie werden meist im Sinne der erahnten Erwartungen des

Erwachsenen beantwortet. Bei der Vernehmung von geistig behinderten Personen muss weiterhin berücksichtigt werden, dass sie auf Druck extrem ängstlich reagieren können und dass ein mehrfaches direktes Wiederholen einer scheinbar unverstandenen Frage als Zurechtweisung und Kritik empfunden wird. Aufgrund der bei vielen behinderten Menschen deutlich verzögerten Geschwindigkeit der Informationsverarbeitung kann nicht immer mit einer prompten Antwort oder Reaktion gerechnet werden. Daher sollten Fragen, Angebote oder Instruktionen nicht zu früh abgebrochen werden, da bei längerer Wartezeit oft noch eine eindeutige Reaktion beobachtbar ist. Polizeiliche Vernehmungen von geistig behinderten Zeugen sollten daher einen hinreichenden Zeitrahmen von mindestens zwei Stunden vorsehen. Dabei ist zu berücksichtigen, dass eine Reaktion auf Fragen des Untersuchers über längere Zeit abgewartet werden muss und nicht aufgrund angenommener Erfolglosigkeit durch neue Fragen oder Interaktionsangebote unterbrochen werden soll (vgl. Heubrock & Petermann, 2000, S. 322f.).

Infokasten „Körperkontakt durch geistig behinderte Zeugen"

Bei Mädchen und jungen Frauen mit bestimmten genetischen Syndromen muss man während der Vernehmung damit rechnen, dass sie Körperkontakt zum Vernehmungsbeamten suchen und sich insgesamt sehr „zutraulich" verhalten. Der Erstautor hat bei Mädchen mit Trisomie-21, einer genetischen Störung, die wegen der charakteristischen Gesichtsdysmorphie früher auch Mongolismus genannt wurde, mehrfach erlebt, dass diese versuchten, während der Befragung auf seinen Schoß zu klettern, ihn im Gesicht zu berühren oder ihm Beziehungsangebote zu machen. Diese Situation erfordert ein behutsames Reagieren, weil eine schroffe Zurückweisung die Kommunikation und damit das Vernehmungsziel gefährdet. Gleichzeitig kann man die Vernehmungssituation nicht „entgleisen" lassen. Es hat sich in diesen Fällen bewährt, den Zeuginnen zu erklären, dass man erst seine Arbeit machen möchte und vielleicht im Anschluss an die Befragung noch ein wenig Zeit zu einem persönlichen Gespräch hat, z.B.:

„Ich finde, wir beide kommen doch richtig gut miteinander aus. Du machst Deine Sache auch sehr gut. Am besten machen wir jetzt erst einmal die Arbeit, dann haben wir vielleicht nachher noch ein bisschen Zeit, uns auch so zu unterhalten, okay?"

Beachtet man die möglichen Schwierigkeiten und überwindet zudem die eigenen Vorurteile, können Zeugenvernehmungen mit geistig behinderten Menschen durchaus ergiebig und wertvoll sein.

14.   Kinder als Opferzeugen[7]

Kinder oder Jugendliche als Opfer krimineller Handlungen werden meist mit sexuellen Missbrauchshandlungen in Verbindung gebracht, von denen nach – allerdings umstrittenen - Schätzungen in Deutschland jährlich etwa 300.000 Kinder betroffen sein sollen (Bange, 2004). Schließt diese Schätzung bereits Vermutungen über die Dunkelfeldrate mit ein, so bewegen sich Annahmen über die Zahl kindlicher Opfer bei weiteren Delikten fast vollständig im Bereich der Spekulation. Dies betrifft etwa vernachlässigte oder im Kontext häuslicher Gewalt misshandelte Kinder, aber auch solche, die überlebende Opfer von innerfamiliären Tötungsversuchen sind (siehe Fallbeispiel 12) oder die eine Geiselnahme im psychosozialen Nahraum miterlebt haben (vgl. Heubrock, Faesel & Busch, 2005).

Fallbeispiel 12: Kinder sind meist Opfer von Gewalt im psychosozialen Nahraum

Vater sticht Freundin und Sohn nieder

LAATZEN (DPA). Bei einem blutigen Familiendrama in Laatzen bei Hannover hat ein Mann seine Freundin erstochen und seinen kleinen Sohn lebensgefährlich verletzt. Wie die Polizei mitteilte, meldete sich der 31-Jährige am frühen Montagmorgen auf einer Wache. Er habe seine Frau und sein Kind erstochen, erklärte er. Zu seinem Motiv sagte er nichts. Er wurde festgenommen.

Als die Beamten zu dem Mehrfamilienhaus kamen, in dem die Opfer wohnten, fanden sie die 27-Jährige und ihren dreijährigen Sohn blutüberströmt im Treppenhaus. Für die Frau kam jede Hilfe zu spät. Der kleine Junge schwebte auch am Nachmittag noch in Lebensgefahr. Die Polizisten stellten ein Messer – die vermutliche Tatwaffe – sicher.

Der Hergang der Familientragödie war zunächst völlig unklar. Die Polizei konnte noch nicht einmal sagen, ob Frau und Kind im Treppenhaus niedergestochen wurden oder in ihrer Wohnung im Obergeschoss. „Es ist alles voller Blut", sagte ein Polizeisprecher. Der 31-Jährige habe zum Hintergrund der Tat keine Angaben gemacht. „Und der einzige Zeuge ist das Kind", meinte der Sprecher.

---

[7] Teile dieses Abschnitts wurden in gekürzter Form in der jüngsten Auflage des „Lehrbuchs der Klinischen Kinderpsychologie" veröffentlicht (Heubrock, 2008). Wir danken dem Hogrefe-Verlag für die freundliche Genehmigung zur Verwendung des Manuskripts. Passagen mit wörtlicher Wiedergabe werden nicht separat als Zitat gekennzeichnet.

Auch für diejenigen Fälle, bei denen Kinder und Jugendliche Opfer krimineller Handlungen Altersgleicher werden, wie dies im Rahmen der so genannten Schulgewalt (Raub, Diebstahl, Körperverletzung, Bedrohung und Nötigung) häufig vorkommt, lassen sich belegbare Häufigkeitsangaben nicht ernsthaft anführen. Lediglich für Viktimisierungserlebnisse durch eine Bedrohung mit Waffen (Messern, Schlagringen, Gas- und Schreckschusswaffen, Schlagstöcken) liegen vereinzelt empirische Untersuchungen vor, denen zufolge etwa 2 bis 3% der befragten Schüler selbst Opfer von derartigen Übergriffen geworden sind (Schwind, Roitsch, Ahlborn & Gielen, 1997; Wilmers et al., 2002).

Die *Befragung* eines Kindes verfolgt den Zweck, in einem möglichst ausführlichen *freien Bericht* die Wahrnehmungen des Kindes zu erfassen. Bei Kindern, die Opfer einer Straftat geworden sind, steht hierbei sehr häufig die Beurteilung der Glaubhaftigkeit ihrer Zeugenaussage im Vordergrund, während die Vernehmung von tatverdächtigen Kindern oder Kindern und Jugendlichen als Tatzeugen auch Teil der polizeilichen Ermittlungen sein kann und Hinweise zu Tätern, Mittätern, Motiven und Tatumständen geben soll (vgl. hierzu Brockmann & Chedor, 1999, S. 55ff.; Mohr, Schimpel & Schröer, 2006, S. 93f.).

Ein besonderes und immer wieder diskutiertes Problem während der polizeilichen Befragung von Kindern stellt die Bedeutung suggestiver Einflüsse auf die Zeugenaussage dar. Suggestive Einflüsse können gezielt oder ungewollt durch Erwachsene im Vorfeld oder während der Befragung zustande kommen, sie können aber auch Ergebnis besonderer Persönlichkeitseigenschaften des befragten Kindes sein, was vor allem für sehr ängstliche und geistig behinderte Kinder zutrifft (vgl. hierzu Endres, 1997; Regber, 2007). Bei der polizeilichen Befragung von Kindern sollten einige mögliche Fehlerquellen unbedingt vermieden werden, da diese zu einer massiven Aussageverfälschung führen können (vgl. auch Sayler Gudas & Sattler, 2006):

- Ja/Nein-Fragen,
- Fragewiederholung,
- Konfrontation mit früheren Aussagen des Kindes,
- Konfrontation mit den Aussagen anderer (Kinder),
- Induktion von Stereotypen,
- Konjunktivfragen,
- sozialer Druck,
- Versprechen von Belohnung und
- Autorität.

Vor allem jüngere Kinder neigen bei geschlossenen Fragen, das heißt solchen, die mit „ja" oder „nein" beantwortet werden können, zu einer ausgeprägten *Zustimmungstendenz* und empfinden die direkte Wiederholung einer unmittelbar zuvor gestellten – und vielleicht unverstandenen – Frage oft als *Kritik* an ihrer Aussage, so dass sie daraufhin die weitere Befragung verweigern oder sich nur noch minimal äußern. Bei der Wortwahl von Fragen sollte unbedingt darauf geachtet werden, *keine Stereotypen* zu induzieren (z.B. „böser

Mann", „Räuber"), da sie oft zu Täterbeschreibungen anhand mentaler Klischees führen. Ebenso sollten Fragen nicht im *Konjunktiv* (z.B. „Was könnte der Mann denn da gewollt haben?") formuliert werden, da sie gewissermaßen eine Einladung zum Fabulieren darstellen. Sowohl auf das Ausspielen der Autorität als Erwachsener als auch auf die Konfrontation mit Aussagen anderer (kindlicher) Zeugen sollte verzichtet werden, da sie meist als *Glaubwürdigkeitsentzug* und Kritik verstanden werden und die Aussagequantität negativ beeinflussen. Auch das (häufige) Versprechen von Belohnungen für eine Aussage während der Befragung ist langfristig nicht hilfreich, da Kinder nicht selten bei später notwendig werdenden erneuten Befragungen über die Höhe der Belohnung verhandeln oder ihre Kooperation sogar von einer Belohnung abhängig machen.

Die Auswirkungen einiger dieser Vernehmungsfehler sollen anhand des Transkripts der Vernehmung eines 8-jährigen Mädchens verdeutlicht werden, das angegeben hatte, von einem ihm unbekannten Mann angesprochen und zu unklaren sexuellen Handlungen genötigt worden zu sein:

Vernehmungsverlauf	Kommentar
V(ernehmungsbeamtin): Weisst Du, wo Du hier bist, Tanja? T(anja): Mm (verneinend) V: *Das glaube ich dir nicht.* Hat Mama sich nicht mit dir unterhalten, wo wir hier heute sind? T: Schüttelt den Kopf.	Ein Glaubwürdigkeitsentzug zu Beginn der Befragung ist ungünstig, weil er das Kind einschüchtert
[...]	
V: *Was meinst Du denn, worüber wollen wir beide uns denn jetzt unterhalten,* hast du eine Idee? T: Nein, habe keine Idee. V: *Ich weiß nicht, ob ich dir das glauben kann.* Erzähl mal, was du heute so am Tag gemacht hast. Beginn mal mit heute morgen.	Hier wäre es besser gewesen, dem Kind eine Orientierung zu geben, zunächst selbst die Führung zu übernehmen.

[...]	
V: Und *warum* hast du dem nicht gesagt, dass du das nicht willst, mit dem Mann mitgehen? T: Weil er mich ja mitgezogen hätte und denn hätte ich ja nicht brüllen können. V: *Warum* hättest du nicht brüllen können? T: Weil einige im Auto saßen und einige hatte ich ja nicht gesehen, da. V: *Aber* du hast doch gesagt, einer kam vorbei. T: Ja, ein einziger. V: *Warum* hast Du da nicht gebrüllt?	Die vielen Fragen nach dem „Warum" des eigenen Handelns üben einen mächtigen Rechtfertigungsdruck auf das Kind aus; das Mädchen beginnt von dem Erlebten abzuweichen und das Geschehen so darzustellen, dass es sich keiner Kritik mehr ausgesetzt sieht. Auch die Konfrontation mit einer früheren Aussage erhöht weiter den Rechtfertigungsdruck und wird als Schuldvorwurf empfunden
[...]	
V: Hast du den Mann vorher schon mal irgendwo gesehen? T: Mm (verneinend) V: Ist der dir bekannt? T: Den habe ich noch nie gesehen. Weiß auch nicht mal, wo der herkommt. V: Gut, dann warte mal kurz, ich gehe mal kurz zu meinem Kollegen und frage ihn, ob die Aufnahme geklappt hat. Ich bin gleich wieder da. Du bleibst aber auch da sitzen, ne?	Die (etwas umformulierte) Fragewiederholung wird von dem Mädchen als Kritik empfunden. Dieses Empfinden wird durch den abrupten Abbruch der Befragung weiter verstärkt. Durch die Aufforderung zum Sitzenbleiben werden die Schuldgefühle des Mädchens weiter gesteigert.

Vor allem die Erfahrungen in Gerichtsverfahren, in deren Vorfeld nachweislich suggestive Einflüsse durch unprofessionell durchgeführte Befragungen der angeblichen kindlichen Opferferzeugen dazu geführt hatten, dass Betreuer oder Bezugspersonen zu Unrecht sexueller Missbrauchshandlungen beschuldigt wurden, hat eine heftige Debatte um den Stellenwert potenziell suggestiver Stimuli ausgelöst. Diese auch als „nichtsprachliche Ausdrucksverfahren" (Greuel et al., 1998, S. 207ff.) bezeichneten Hilfsmittel wurden oft als „Test" zum Nachweis einer inkriminierten Handlung, meist bei vermutetem sexuellem Missbrauch, missverstanden, so dass auf die Verwendung anatomisch korrekter Puppen (vgl. Abb. 34) und von Kinderzeichnungen auch als Befragungshilfe ganz verzichtet werden sollte.

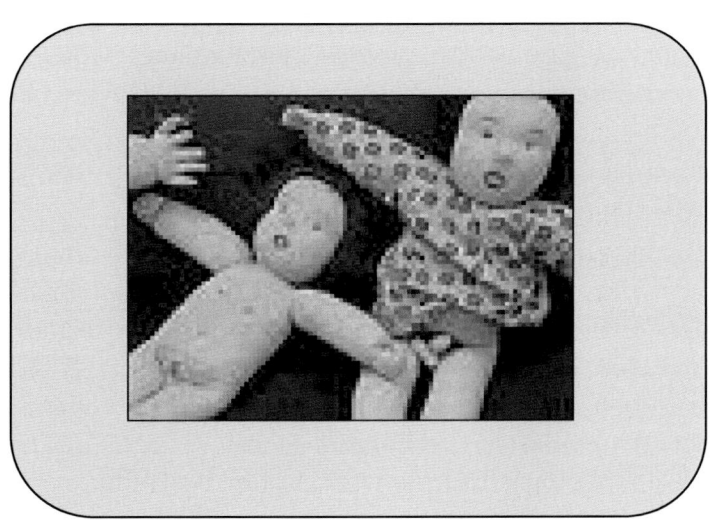

Abbildung 34:
Anatomisch korrekte Puppen.

Demgegenüber werden *befragungsbegleitende Zeichnungen* dann als nützliches Hilfsmittel angesehen, wenn *bereits verbalisierte Wahrnehmungen* mit ihrer Hilfe konkretisiert und suggestionsfrei näher erfragt werden. Tatsächlich liegen Erfahrungsberichte vor, denen zufolge die befragungsbegleitend angefertigten Tatortzeichnungen von sehr jungen Kindern eine große Übereinstimmung mit objektiven Sachbeweisen (z.B. Obduktionsergebnisse, Spurenlage) aufweisen können (Boychuk-Spears, 2002).

Noch wenige Erfahrungen liegen mit der Methode der „narrativen Elaboration" im forensischen Kontext vor, bei der die Gedächtnisleistung von kindlichen Zeugen dadurch unterstützt werden soll, dass ihnen Bildkärtchen das Einhalten einer bestimmten Erzählreihenfolge („wer", „wo", „was" und „wie") erleichtern (Hermanutz & Adler, 2009; Roebers, 2006; siehe hierzu auch Abb. 35 und den Infokasten „Die Bildkarten-Methode").

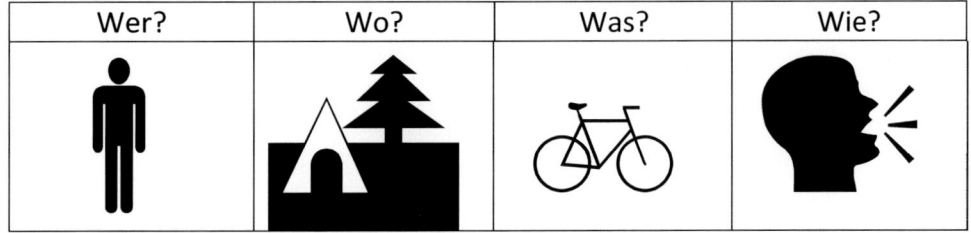

Abbildung 35:
Beispiele für Bildkarten zur Unterstützung der Kinderzeugen-Befragung.

Infokasten „Die Bildkarten-Methode"

Mit Hilfe der *„Bildkarten-Methode"* sollen die Gedächtnisleistungen des Kindes verbessert und der Bericht strukturiert werden. Bei dieser Befragungstechnik, die auf Gedächtnis-Abrufstrategien beruht, werden dem Kind vier Bildkarten vorgelegt, die das Einhalten einer Erzählreihenfolge erleichtern soll. Die Bildkarten beinhalten die Fragen

- „wer" (beteiligte Personen),
- „wo" (Kontext und Setting),
- „was" (die Handlung, das Tatgeschehen) und
- „wie" (Dialoge der Beteiligten und emotionale Bewertung).

Die Anwendung der Bildkarten-Technik kann allerdings nicht voraussetzungslos erfolgen, sondern erfordert eine Übungsphase vor der eigentlichen Vernehmung, in der der Umgang mit den Bildkarten erprobt wird (Hermanutz & Adler, 2009; Roebers, 2006). Kritiker sehen darin eine mögliche Verfälschungstendenz der Originalaussage und halten der strukturierten Vernehmung von Kindern insgesamt entgegen, der Forderung nach einem möglichst freien Bericht bei der Erstaussage zu widersprechen.

Generell werden die Gedächtnisleistungen von Kindern eher unterschätzt, daher findet sich in einigen älteren Lehrbüchern auch noch die Empfehlung, kindliche Zeugen erst ab einem Alter von fünf bis sechs Jahren zu befragen. Das Problem der Gedächtnisleistung jüngerer Kinder liegt – wie man heute weiß – nicht in der Erinnerungsfähigkeit (Speicherkapazität), sondern eher im mangelnden Ausdrucksvermögen und in der fehlenden Erfahrung oder Verfügbarkeit wirksamer Strategien (Mnemo-Techniken), durch die der Abruf zurückliegender Ereignisse unterstützt werden kann. Neuere Untersuchungen konnten inzwischen belegen, dass bereits Kinder ab drei Jahren in der Lage sind, zuverlässige Angaben über selbst erlebte Ereignisse zu machen (vgl. Heubrock, 2008; Lepach et al., 2003).

Bei einer Befragung von Kindern müssen neben den individuellen Merkmalen des Kindes daher vor allem *alters- und entwicklungsspezifische Besonderheiten* berücksichtigt werden (vgl. Heubrock, 2008; Regber, 2007; siehe hierzu zusammenfassend Tabelle 6).

Tabelle 6:
Altersbezogene Merkmale bei der Befragung von Kindern.

Altersbezogene Merkmale bei der Befragung von Kindern

Unter 4-jährige Kinder

- Mangelnder Wortschatz, begrenzte sprachliche Ausdrucksfähigkeit,
- begrenztes Erinnerungsvermögen,
- Defizite in der präzisen zeitlichen und räumlichen Zuordnung (Häufigkeit, Dauer, Reihenfolge von Ereignissen),
- Fähigkeit zu sachlich und logisch stimmigen Konstruktionen ist noch schwach ausgeprägt;

aber:

- Beobachtungs- und Schilderungsfähigkeit ist bereits gut ausgeprägt und
- Kinder berichten ohne Wertung unmittelbar und vorbehaltlos.

4- bis 6-jährige Kinder

- Realität wird häufig noch nicht sehr ernst genommen,
- die Erlebens- und Nacherlebensweise des Kindes wird ganzheitlich dargestellt, indem Erlebtes durch Handeln wiedergegeben wird,
- Unverstandenes wird erlebnisgemäß durch Gegenstände der kindlichen Erfahrungswelt dargestellt (z.B. Vergleich des Schambereichs eines Mannes mit einer Rolle),
- Erinnerungsverschiebungen sind möglich, d.h. eine ungewollte Verknüpfung von tatfremden Geschehen mit dem tatsächlichen Sachverhalt;

aber:

- der Hang zum Phantasieren ist nicht so ausgeprägt wie Vorurteile annehmen.

7- bis 10-jährige Kinder

- Gedächtnisleistung sind beständiger, daher sind umfangreichere und eindeutigere Schilderungen möglich,
- neben der eigenen Betroffenheit werden auch Randgeschehnisse wahrgenommen,
- ein organisierter Gesprächsablauf ist bereits möglich, jedoch kann das Kind einen Sachverhalt noch nicht selbständig, durchgehend und verständlich darlegen,
- die Unmittelbarkeit des Verhaltens ist auch noch in diesem Alter gegeben, wodurch verbale Aussagen durch spontane Reaktionen ergänzt werden,
- Falschaussagen treten noch selten auf und sind leicht durchschaubar,
- Kinder verfügen bereits über einen hohen Realitätssinn, sind Fremden gegenüber relativ offen und wenig Unvoreingenommen.

aber:

- sie sind auch in diesem Alter noch in hohem Maße anfällig für Suggestionen und Druck jeder Art.

11- bis 13-jährige Kinder

- Das Aussageverhalten weist einen enormen Facettenreichtum auf,
- es besteht ein großer *Unterschied* im Aussageverhalten *zwischen Jungen und Mädchen*:
  - Mädchen distanzieren sich mehr im Kontakt mit ihrem Gegenüber und es gelingt ihnen, erfolgreicher zu leugnen und in begrenztem Umfang relativ sicher und undurchsichtig Falschaussagen vorzubringen,
  - Jungen sind noch ehrlicher und direkter als Mädchen und
  - Hemmungen und Schambarrieren verringern bei beiden Geschlechtern den Informationsgehalt.

Die Befragung von Kindern ist in der *Polizeidienstvorschrift (PDV) 382* („Bearbeitung von Jugendsachen") geregelt. Selbstverständlich muss auch in diesem Fall eine Belehrung der Erziehungsberechtigten und des minderjährigen Kindes erfolgen. Die Zustimmung zu einer polizeilichen Befragung durch den gesetzlichen Vertreters ist jedoch nur dann erforderlich, wenn das Kind aufgrund seiner mangelnden „Verstandesreife" diese Entscheidung nicht selbst treffen kann. Bei der Formulierung der Belehrung ist darauf zu achten, dass sie dem Entwicklungsstand des Kindes entspricht; wie bei erwachsenen Zeugen muss also sichergestellt sein, dass das Kind auch verstanden hat, was von ihm gewünscht wird. Dabei sollten für eine *kindgerechte Belehrung* folgende Anregungen besonders beachtet werden:

- „Amtssprache" und Fachjargon vermeiden,
- die Belehrung in das tatneutrale Thema des Rapports einbetten,
- während der Belehrung keine erkennbaren (verbalen oder nonverbalen) Veränderungen zeigen,
- freundlichen Blickkontakt halten und
- das Kind immer wieder mit seinem Namen ansprechen (Personalisieren).

Der Ablauf der Befragung eines Kindes entspricht derjenigen einer Vernehmung von Erwachsenen:

1. *Begrüßung* und persönliche Vorstellung
2. *Rapport* herstellen und Personalisieren
3. Ziel des Gespräches erläutern und *kindgerecht belehren*
4. Kind in den Wahrnehmungskontext zurückversetzen (unter Berücksichtigung aller Sinnesmodalitäten) und *Aufforderung zum freien Bericht*
5. *Trichterförmige Befragung*
6. *Zusammenfassung* und Abschluss

Gerade bei der Befragung von Kindern könnte man versucht sein, ihnen durch gezielte Fragen vermeintlich „helfen" zu wollen und auf einen freien Bericht zu verzichten. Vielleicht traut man einem Kind eine zusammenhängende Schilderung eines komplexeren, länger zurück liegenden oder emotional bewegenden Sachverhalts nicht zu oder aber man misstraut der Wahrheitsliebe oder den kognitiven Fähigkeiten eines Kindes. Der *freie Bericht* ist aber auch bei der Befragung eines Kindes unverzichtbar. Er ermöglicht es dem Kind, den fraglichen Sachverhalt aus seiner Sicht und mit seinen Worten so darzustellen, wie er vom erlebt und empfunden wurde und er stellt auch aus aussagepsychologischer Sicht die wichtigste Grundlage für eine mögliche spätere gutachtliche Beurteilung der Glaubhaftigkeit der Aussage dar.

Für die Aufforderung zum freuen Bericht können folgende Formulierungsvorschläge, die sich in der Vernehmungspraxis bewährt haben, empfohlen werden:

- „Ich war ja nun nicht dabei, deshalb wäre es schön, wenn du mir ganz genau beschreiben kannst, was du erlebt hast, damit ich mir das auch richtig gut vorstellen kann" oder

- „Du bist ja bei dem Vorfall dabei gewesen. Erzähl mir doch einfach mal, wie das an dem Nachmittag war".

Da Kinder ein ausgeprägtes Gespür für Aufrichtigkeit haben, ist es sowohl für die Rapport-Phase als auch für die nachfolgende Befragung besonders wichtig, dem Kind das Gefühl zu vermitteln, dass es *ernst genommen* wird. Auch scheinbar belanglose Täuschungen werden von Kindern sofort als solche erkannt und können das Vertrauen nachhaltig zerstören. Dabei ist darauf zu achten, dass Kinder Erwachsene zu Beginn eines Kontaktes manchmal geradezu „testen", indem sie persönliche Frage stellen (z.B. „Hast Du schon mal gelogen?", „Dürfen Deine Kinder lange fernsehen"). Diese Testfragen sollten immer wahrheitsgemäß und direkt beantwortet werden. Sie können auch gut mit Gegenfragen kombiniert werden und den Rapport sehr persönlich und individuell gestalten.

Kinder nehmen einen Vernehmungsbeamten nicht in erster Linie als Vertreter der Polizei, sondern als Person, als Erwachsenen, wahr. Daher sollte man bei der Befragung von Kindern auf die Formulierung „wir" oder „die Polizei" verzichten und stattdessen lieber in der „Ich"-Form sprechen.

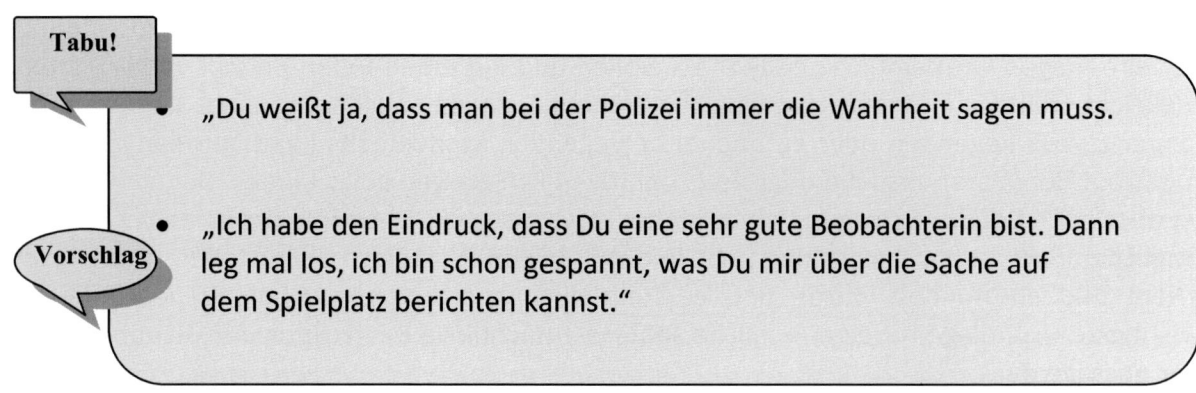

Da vor allem junge Kinder sich nicht immer klar ausdrücken, sollte der Vernehmungsbeamte bei Verständnisschwierigkeiten, zwar nachfragen, dem Kind aber dabei das Gefühl geben, dass das Verständnisproblem vom Befragenden ausgeht. Nachfragen sollten daher Ich-Botschaften enthalten:

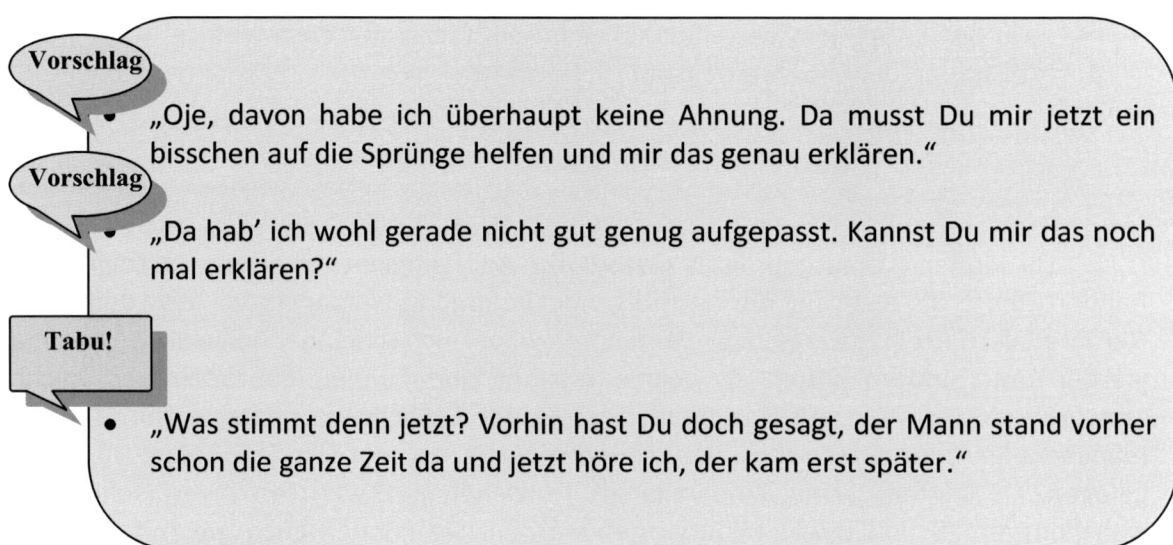

Manchmal sind auch geschlossenen Fragen zum Verständnis des Sachverhalts notwendig, sie lassen sich in einer Befragung ohnehin nicht völlig vermeiden. Bei der Fomulierung muss jedoch vermieden werden, dass das Kind die Fragen als Kritik an der vorherigen Schilderung oder Aussage empfindet. Da jüngere Kinder noch eine naiv-logische Weltsicht haben, ist mit Verknüpfungen zu rechnen, die Erwachsenen ungewöhnlich erscheinen können:

> *Vernehmungsbeamter*: „Wann war das denn als ihr ein paar Mal von dem Mann auf dem Spielplatz angesprochen worden seid?"
> *Kind*: „Im Sommer."
> *Vernehmungsbeamter*: „Wie kommst du darauf, dass das im Sommer war?" (statt: „Bist du dir sicher?")
> *Kind*: „Na ist doch klar, weil ich da meine neuen Sandalen an hatte, die Oma mir geschenkt hat."

Für Kinder kann es sehr schwierig sein, aus der Erinnerung eine genaue Personenbeschreibung zu geben und sehr komplexe und dynamische Ereignisse zu beschreiben. Dies hängt damit zusammen, dass neue Informationen immer mit dem bereits vorhandenen „Vorrat" an ähnlichen Informationen im Altgedächtnis abgeglichen und mit bereits erlebten Ereignissen „verankert" werden. Der Vorrat an derartigen Schablonen ist bei jüngeren Kindern durch die geringe allgemeine Lebenserfahrung natürlich viel geringer. Bei Kindern mit milieutypisch eingeschränkter Lebenswelt, die etwa viele Stunden ihres Tages vor dem Fernseher verbringen, kann diese altersbedingte Einschränkung sogar noch viel ausgeprägter sein.

So ist auch zu erklären, dass Kinder gerade bei Personenbeschreibungen auf bekannte Klischees zurückgreifen und sich beschriebene Personen oft sehr gleichen oder aber Personen aus ihrem direkten Umfeld ähneln.

Um in einer derartigen Vernehmungssituation dennoch zu einer brauchbaren Personenbeschreibung zu gelangen und dabei gleichzeitig den Vorteil einer bildhaften Verarbeitung zu nutzen, lässt sich die *Methode des „eingefrorenen Bildes"* oder die *„Standbild-Technik"* anwenden, die der Erstautor bei der Vernehmung von zwei neunjährigen Mädchen entwickelt hat und die seither immer wieder erfolgreich angewandt wurde (siehe Fallbeispiel 13).

Hierbei wird das Kind gebeten, sich den Ablauf einer erlebten Handlung wie einen Film vorzustellen, den man als Vernehmungsbeamter jederzeit mit dem Kind gemeinsam anhalten kann. Wichtig ist, dass man das Kind von Beginn an veranlasst, den Erlebnis-„Film" in ganz langsamer Geschwindigkeit „abzuspielen". Kommt man dann zu einer besonders bedeutsamen Stelle, beispielsweise zum erstmaligen Auftreten einer ermittlungsrelevanten Person, wird der „Film" angehalten und das Kind gebeten, das nun entstandene „Standbild" ganz genau zu beschreiben:

Vorschlag

„Nina, stell Dir jetzt mal vor, dass das, was Du damals gesehen hast, ein Film ist. Du schaust Dir diesen Film jetzt noch einmal ganz, ganz langsam an. Wenn wir zu einer Stelle kommen, die besonders wichtig ist, halten wir den Film einfach mal an und schauen uns das Bild dann ganz genau an. Du kannst jetzt anfangen, aber bitte ganz, ganz langsam, damit ich auch mitkomme."

Im Unterschied zur Vernehmung von erwachsenen Zeugen kann eine *Zusammenfassung* bei der Kinder-Vernehmung zusätzliche Informationen bringen. Erwachsene Zeugen verzichten bei einer Zusammenfassung am Schluss einer Vernehmung häufig deshalb auf notwendige Korrekturen, um entweder die für sie unangenehme Situation möglichst schnell zu beenden oder um dem Vernehmungsbeamten keine zusätzliche Mühe zu machen. Kinder korrigieren falsch verstandene Angaben dagegen oft spontan:

> *Vernehmungsbeamter:* „Also, ich fasse noch einmal zusammen wie ich das jetzt verstanden habe. Du hast mit Deinen Freunden Tim und Florian auf dem Spielplatz gespielt, als dann der dunkle Wagen mit dem Mann am Steuer da langsam vorbeigefahren kam und …"
>
> *Kind:* „Nee, das stimmt doch gar nicht. Der Mann war doch vorher schon am Spielplatz. Das Auto stand da doch schon die ganze Zeit. (…)"

Da bei der Vernehmung von Kindern nicht ausgeschlossen werden kann, dass es später erneut zu einer Nachvernehmung kommen kann – beispielsweise, weil sich Widersprüche oder neue Informationen ergeben haben – sollte der *Abschluss* der Befragung für das Kind angenehm gestaltet werden. Das Kind wird die Befragung dann eher in guter Erinnerung behalten und nicht mit Widerstand reagieren. Das Versprechen oder Gewähren von *Belohnungen* für die Aussage ist nicht nur unnötig, sondern sogar kontra-produktiv: Kinder neigen bei einer nachfolgenden Befragung dazu, über die dann zu erwartende Belohnung mit dem Vernehmungsbeamten zu „verhandeln". Es genügt vollkommen, das Kind – unabhängig von der tatsächlichen Qualität der Aussage – zu loben:

Vorschlag

> „So, jetzt sind wir auch schon am Ende mit der Befragung. Ich muss sagen, Du hast das supergut gemacht. Du bist ein sehr guter Beobachter, ein richtiger Detektiv. Davon könnten wir mehr gebrauchen. Also, noch einmal Danke für's Mitmachen. Vielleicht hast Du ja jetzt noch eine Frage."

14.1 Die audiovisuelle Vernehmung

Die gesetzlichen Grundlagen zur Durchführung videodokumentierter Anhörungen bzw. Vernehmungen im Ermittlungsverfahren ist im „Gesetz zum Schutz von Zeugen bei Vernehmungen im Strafverfahren und zur Verbesserung des Opferschutzes" (kurz: „Zeugenschutz-Gesetz; ZSchG) verankert. Demnach kann nach § 58a der StPO die Vernehmung eines Zeugen auf Bild-Ton-Träger aufgezeichnet werden (audiovisuelle Vernehmung). Eine audiovisuelle Dokumentation soll erfolgen, um Opferzeugen Mehrfachvernehmungen zu ersparen und um besonders schutzbedürftige Zeugen, vor allem Kinder, vor einer sog. „sekundären Viktimisierung" zu bewahren (siehe Infokasten „Aufzeichnung auf Bild-Ton-Träger").

Infokasten „Aufzeichnung auf Bild-Ton-Träger"

Der Wortlaut des § 58a StPO:
„Die Vernehmung eines Zeugen kann auf Bild-Ton-Träger aufgezeichnet werden. Sie soll aufgezeichnet werden

1. bei Personen unter sechzehn Jahren, die durch die Straftat verletzt worden sind, oder
2. wenn zu besorgen ist, dass der Zeuge in der Hauptverhandlung nicht vernommen werden kann und die Aufzeichnung zur Erforschung der Wahrheit erforderlich ist.

Die Verwendung der Bild-Ton-Aufzeichnung ist nur für Zwecke der Strafverfolgung und nur insoweit zulässig, als dies zur Erforschung der Wahrheit erforderlich ist. [...]"

Auch wenn eine audio-visuelle Vernehmung, die nachfolgend vereinfacht „Video-Vernehmung" genannt wird, unter verschiedenen Ermittlungs- und Strafverfolgungsumständen angewandt werden kann, so wird sie doch am häufigsten bei Kindern angewandt, bei denen der Verdacht besteht, dass sie Opfer einer (Sexual-) Straftat geworden sind. Der mit einer Video-Befragung verknüpfte Schutzzweck kann gut mit dem Vorteil verbunden werden, den eine Aufzeichnung durch die *Analyse der Körpersprache* und des genauen Wortlautes für die *Beurteilung der Glaubhaftigkeit* der Zeugenaussage besitzt. So lässt sich beispielsweise zu Analysezwecken der gesamte Videomitschnitt in gleich lange Zeitabschnitte einteilen, die von mehreren Beobachtern simultan hinsichtlich des Auftretens der im Infokasten „Merkmale einer glaubhaften Zeugenaussage" beschriebenen Kriterien eingeschätzt werden kann. Auf diese Weise kann die Übereinstimmung der Beobachter als Zuverlässigkeits-Kriterium der Begutachtung herangezogen werden und es können weiterhin Verhaltensbesonderheiten des Kindes in den Beobachtungskatalog aufgenommen und ausgezählt werden (siehe Tab. 7).

Tabelle 7:

Merkmalsorientierte Aussageanalyse einer 16-jährigen Opferzeugin (angeschuldigtes Delikt: wiederholter schwerer sexueller Missbrauch durch den leiblichen Vater und weitere Personen aus dem psychosozialen Nahraum).

Zeiteinheit (jeweils 10 Min.) / Glaubhaftigkeitsmerkmale	1	2	3	4	5	6	7	8	9	10
Widerspruchsfreiheit										
Ungeordnete Erzählweise										
Detailreichtum										
Raum-zeitliche Einbettung				✓						
Wiedergabe von Interaktionen										
Wiedergabe von Gesprächen	✓	✓		✓	✓	✓		✓		
Handlungskomplikationen										
Ungewöhnliche Details	✓	✓		✓	✓	✓				
Überflüssige Details										
Unverstandene Handlungen										
Querverbindungen zu ähnlichen Vorgängen	✓	✓								
Eigenpsychische Vorgänge	✓	✓	✓	✓	✓	✓		✓		
Fremdpsychische Vorgänge	✓				✓			✓		
Deliktspezifische Merkmale	✓	✓								
Spontane Verbesserungen										
Zugeben von Erinnerungslücken										
Zugeben von Unsicherheit					✓			✓		
Selbstbelastungen										
Inschutznahme des Täters										
Verbale Warnsignale										
Vermutete Handlungsmotive des Angeschuldigten		✓								
Zuschreiben überdauernder negativer Eigenschaften		✓	✓	✓	✓	✓				
Klischees					✓		✓	✓	✓	✓
Besondere individuelle Merkmale										
Motorische Tics		✓	✓	✓	✓	✓		✓	✓	
Vokale Tics										
Grimassieren										
Vokale Zwangshandlungen						✓				

Neben dem Vorteil einer Merkmalsorientierten Aussageanalyse, die sich auf überindividuelle gültige inhaltliche Merkmale einer erlebnisfundierten Aussage bezieht, besteht durch eine wörtlich transkribierte Video-Vernehmung auch die Möglichkeit, *sprachliche Besonderheiten* des Kindes zur Beurteilung der Glaubhaftigkeit heranzuziehen. Damit ist gemeint, dass Kinder oft subtile Variationen in ihrem sprachlichen Ausdruck zeigen, wenn sie durch Fragen des Vernehmungsbeamten in Bedrängnis gebracht werden oder wenn sie aus anderen Gründen von einer Schilderung selbst erlebter Ereignisse abweichen. Im nachfolgend dargestellten Fallbeispiel war es bei einem Kind durch unbewusste Suggestionseinflüsse der Mutter und durch ein extrem ungünstiges Vernehmungsverhalten der Vernehmungsbeamtin zu einer Vermischung von selbst erlebten und nachträglich „geglätteten" Ereignisdarstellungen gekommen, wobei diejenigen Antworten des Kindes, in denen es vom tatsächlichen Tatgeschehen abweicht, die sprachliche Phrase „genau" enthalten, die in allen anderen Antworten nicht vorkommt und somit nicht zum sprachlichen Basisverhalten dieses Kindes gehört (siehe Fallbeispiel 14).

Fallbeispiel 14: *Sprachlicher Indikator einer Erlebnisabweichung*

V:
Wo denn?
T:
Ja, also wenn wir jetzt zum anderen Edeka möchten, dann müssen wir einmal reinbiegen, denn müssen wir nach geradeaus, dann müssen wir nach links, geradeaus, geradeaus und denn da vorne, bei den ganzen Büschen, da hat er sich denn hingesetzt und ich sollte mich denn auch hinsetzen und denn hat er zu mir gesagt „Zieh mal deine Hose aus", dann habe ich gesagt „Nein, mache ich nicht", denn wollte er sein Dings rausholen.
[...]
V:
Und warum bist du mit dem mitgegangen?
T:
Weil er mich ja *genau* mitgezogen hat.
[...]
V:
Und warum hast Du dem nicht gesagt, dass du das nicht willst, mit dem Mann mitgehen?
T:
Weil er mich ja *mitgezogen hätte* und denn hätte ich ja nicht brüllen können. Das war ja *genau* schlecht.
[...]
V:
Also er hat zu dir gesagt, du sollst deine Hose ausziehen?
T:
(nickt)
V:
Ja, aber hat hat seinen Pipi nicht rausgeholt?
T:
Doch, wollte er ja.
V:
Na, woher weißt du denn, dass er das wollte?
T:
Ja, weil ich das ja *genau* gemerkt habe.

In der Regel ist es sowohl aus kommunikationspsychologischer Sicht als auch aus aussagepsychologischer Perspektive besser, wenn der Vernehmungsbeamte die Vernehmung mit dem Kind allein, also ohne weitere Personen, durchführt. Diese Feststellung kollidiert zweifellos mit dem Recht von kindlichen Opferzeugen auf die Anwesenheit eines Vertrauens- bzw. Vernehmungsbeistandes nach § 406f Abs. 3 StPO. Besteht die Begleitperson zu Recht auf einer Anwesenheit während der Video-Vernehmung, sollten folgende Regeln vereinbart werden (Sticher-Gil, 2003):

- Keine Fragen an das Kind,
- keine Ermutigung, das zu berichten, was der Begleitperson bereits erzählt wurde,
- keine Vorwürfe, wenn das Kind in der Befragung etwas berichtet, das es der Begleitperson bisher noch nicht erzählt hatte,
- keine Kommentare zu den Fragen des Vernehmungsbeamten und
- kein Abbruch der Befragung durch die Begleitperson.

14.2   Die tiergestützte Vernehmung

In Deutschland gehört die Vernehmung eines Kindes mit Hilfe eines Tieres, das die Kontaktaufnahme erleichtern soll, noch zu den extrem seltenen Vernehmungssituationen. Dies mag an einer hierzulande fehlenden Tradition für ungewöhnliche Vernehmungsmethoden liegen oder an der Sorge, dass eine durch eine tiergestützte Vernehmung gewonnene Aussage in der Hauptverhandlung als Beweismittel keinen Bestand haben könnte. Da der Erstautor gute Erfahrungen mit der tiergestützten Vernehmung von Kindern sammeln konnte, die durch einen innerfamiliären sexuellen Missbrauch traumatisiert worden waren, sollen die psychologischen Voraussetzungen und einige Empfehlungen diesen Band abschließen.

Eine tiergestützte Vernehmung kommt vor allem dann in Frage, wenn es durch ein schweres Verbrechen zu einer Traumatisierung des kindlichen Opferzeugen gekommen ist, so dass dieses im schlimmsten Fall mit fremden Personen keinerlei Kontakt mehr aufnimmt. Dieser weitgehende Rückzug eines Kindes wird in der klinischen Psychologie und in der Kinder- und Jugendpsychiatrie *„(s)elektiver Mutismus"* genannt, was sich mit „ausgewählter oder teilweiser Stummheit" übersetzen lässt. Damit ist gemeint, dass die betroffenen Kinder nur noch mit einigen wenigen engen Angehörigen oder Freunden sprechen und sich gegenüber allen anderen Personen, insbesondere im Kontakt mit Fremden, absolut stumm verhalten (Bahr, 2004; siehe auch Abb. 36).

- Kinder verweigern jede Art der Kommunikation und Interaktion mit bestimmten Menschen oder in bestimmten Situation ,
- sie sind häufig isoliert und ziehen sich in ihre „eigene Welt" zurück und
- zeigen dabei kaum Reaktionen auf äußere Reize.

Abbildung 36:
Kennzeichen eines selektiven Mutismus.

Der elektive Mutismus ist eine kinderpsychiatrische Störung, die meist durch eine schwerwiegende Traumatisierung entsteht, sie kann jedoch auch als eine Begleiterscheinung einiger genetischer Störungen oder neurologischer Erkrankungen auftreten (siehe hierzu Heubrock & Petermann, 2000) und zudem mit einem Autismus verwechselt werden. Bei einem entsprechenden Verdacht ist daher eine medizinisch-psychologische Abklärung durch einen Spezialisten für Kinder- und Jugendpsychiatrie oder –psychologie erforderlich.

Hinweise auf einen elektiven Mutismus können sich während der Vernehmung dann ergeben, wenn diejenigen Rapportmethoden, die bei ängstlichen und scheuen Kindern in der Regel erfolgreich sind, vollständig versagen und das befragte Kind darauf überhaupt nicht reagiert. In einer solchen Situation befindet sich der Vernehmungsbeamte in einer Zwickmühle: Er könnte die Befragung des Kindes abbrechen, weil es nicht aussagetüchtig ist und darauf hoffen, dass Sachbeweise das Tatgeschehen auch ohne die Aussage des Kindes erhellen. Er könnte aber auch versuchen, mit Hilfe einer tiergestützten Befragung einen Kontakt zu dem Kind herzustellen. Vor allem dann, wenn auch das Aussageverhalten anderer Zeugen als „schwierig" einzuschätzen ist oder wenn Sachbeweise nicht vorliegen bzw. nicht ausreichend sind, sollte der Versuch einer tiergestützten Befragung unternommen werden (siehe hierzu das Fallbeispiel 15).

Fallbeispiel 15: *Tiergestützte Befragung bei Verdacht auf innerfamiliären sexuellen Missbrauch*

Eine Jugendsachbearbeiterin der Polizei hatte einen Verdachtsfall auf langjährigen innerfamiliären Missbrauch von zwei Mädchen zu bearbeiten, bei dem sich der Verdacht gegen den Vater und den Großvater der Kinder richtete. Das 11-jährige Mädchen bestritt jede Missbrauchshandlung und verhielt sich gegenüber ihrem Vater absolut loyal, ihre 9-jährige Schwester entwickelte einen elektiven Mutismus und sprach nur noch am Telefon mit ihrer Schwester und ihrer Mutter, nahm aber sonst keinen Kontakt mehr mit anderen Personen auf.

Obwohl bei einer Hausdurchsuchung und einer kriminaltechnischen Untersuchung umfangreiches pornografisches Filmmaterial im Kinderzimmer und in der gesamten Wohnung Spermaspuren sichergestellt werden konnten, reichten diese Sachbeweise zur Anklageerhebung nicht aus.

Da die Mutter der Mädchen einen Missbrauch für möglich hielt, selbst aber nicht Zeugin derartiger Vorfälle gewesen sein wollte, wurde das 9-jährige Mädchen von der Kriminalbeamtin und dem Erstautoren, zusammen mit dem äußerst kinderlieben und jagdlich ausgebildeten Hund des Verfassers, in dem Heim besucht, in dem sie seit dem Verdacht untergebracht war. Auch in dieser Einrichtung war eine Kontaktaufnahme bisher nicht geglückt.

Zunächst verhielt sich das Mädchen den Besuchern und auch dem Hund gegenüber ängstlich. Im Verlauf einer mehr als einstündigen Rapportphase gelang es schrittweise, dass das Kind dem Hund zunächst einige „Leckerlis" aus der Entfernung zuwarf, sich dann aber immer mehr dem Hund zuwandte und ihm das Hundefutter bröckchenweise ins Maul gab. Durch die Zuwendung des Hundes wurde auch das Mädchen immer zugänglicher, spielte dann mit den Besuchern und dem Hund im Spielkeller des Kinderheimes und bat ihre Besucher später in ihr Zimmer. Hier setzte sie sich dann – den Hund kraulend – auf ihr Bett und ließ sich über eineinhalb Stunden lang zu den innerfamiliären Vorfällen befragen.

Die tiergestützte Vernehmung macht sich Erfahrungen zunutze, die seit vielen Jahren mit traumatisierten, autistischen und erheblich entwicklungsverzögerten Kindern gesammelt werden konnten. Vielen Kindern gelingt es offenbar, ihre Angst vor Menschen schrittweise zu reduzieren, wenn Tiere als „Vermittler" eingesetzt werden. Diese Erfahrungen führten zu Ansätzen einer *tiergestützten Therapie* schwer beziehungsgestörter Kinder, bei denen Tiere gezielt als „Co-Therapeuten" eingesetzt werden (vgl. Greiffenhagen & Buck-Werner, 2007; Kogan et al., 1999; siehe auch Infokasten „Tiergestützte Therapie")

Infokasten „Tiergestützte Therapie"

Als Formen der tiergestützten Therapie sind vor allem die Delphin-Therapie mit autistischen Kindern, das therapeutische Reiten („Hippo-Therapie") und sog. „Assistenz- oder Therapiehunde" für behinderte Menschen bekannt (vgl. auch Knipf, 2008; Phillips, 2004).
Die tiergestützte Therapie macht sich zwei Besonderheiten – eine auf der Seite des Kindes und eine weitere auf der Seite des Tieres – zunutze:

- *Kinder* zeigen Tieren gegenüber eine natürliche Neugierde und verhalten sich ihnen gegenüber meist nicht ängstlich. Kaum ein Kind kann einem Tier, das ein Fell hat (Pferde, Hunde, Katzen, Kaninchen), widerstehen, meist wird es spontan gestreichelt. Nicht umsonst begleiten Kuschel*tiere* die meisten Kinder über viele Jahre hinweg, manchmal sogar bis ins Erwachsenenalter.
- *Tiere* wiederum verfügen über ein im Vergleich zu Menschen deutlich verstärktes Wahrnehmungsvermögen. Dies scheint nicht nur – abhängig von der Tierart - die primären Sinnesorgane (Hören, Sehen, Riechen) zu betreffen, sondern auch die Fähigkeit, Stimmungen oder auch Gefahren geradezu zu erahnen und unmittelbar darauf zu reagieren.

Für die tiergestützte Therapie ergeben sich daraus mehrere Vorteile: Durch die Anwesenheit eines Tieres, vor allem eines Hundes, wird die Vorsicht eines ängstlichen Kindes in Neugierde gewandelt, auf die der Hund sofort mit einer als Freude erkennbaren Erwiderung (Hand-Lecken, Schwanz-Wedeln) reagiert, die vom Kind wiederum „vermenschlicht" gedeutet wird („Der Wauwau mag mich"). Zum anderen stellt der Hund in der Kommunikation zwischen Therapeut und Kind ein „Drittes" dar, über das man kommunizieren kann, was meist spontan geschieht („darf ich den Hund streicheln?", „beißt der auch nicht?", „wie heißt der Hund?", „gehört der Dir?")

Diese Vorteile der tiergestützten Therapie kann man sich auch bei der Vernehmung von traumatisierten, mutistischen oder besonders ängstlichen Kindern zunutze machen (vgl. hierzu auch Phillips, 1999; Randour & Davidson, 2008).

Erste systematische Erfahrungen hiermit konnten in Deutschland in einem kooperativen Forschungsprojekt gesammelt werden, das von der Polizeidirektion Osnabrück (Niedersachsen) und der Tierärztlichen Hochschule Hannover gemeinsam durchgeführt wurde (vgl. Knipf, 2008; Knipf, Schalke & Hackbarth, 2009).
Im Rahmen des Projektes wurden ausgewählte und zuvor auf ihre besondere Eignung hin überprüfte „Vernehmungsbegleithunde" bei der Befragung von misshandelten und sexuell missbrauchten Kindern und Jugendlichen eingesetzt. Die hierbei gewonnenen Erkenntnisse stimmen mit den Erfahrungen des Erstautors überein und zeigen, dass die befragten Kinder

durchweg positiv auf die Anwesenheit des Vernehmungsbegleithundes reagierten: Während der Schilderung des Tathergangs konnte beobachtet werden, dass sie den Hund streichelten, ihn umarmten, ihm etwas in die Ohren flüsterten oder sich einfach auf ihn konzentrierten. Zusammenfassend konnte als vorläufiges Ergebnis der Projektes festgehalten werden, dass

- der Hund dabei hilft, schneller eine Vertrauensbasis zum Kind herzustellen,
- der Hund als Bindeglied zwischen dem Vernehmungsbeamten und dem Kind dient,
- der Hund helfen kann, das kindliche Misstrauen zu verringern und eine vertrauensvolle Kommunikation aufzubauen und
- sich die Anwesenheit des Hundes positiv auf die Aussagebereitschaft und die Aussagefähigkeit des Kindes auswirkt (vgl. Knipf, 2008).

Gerade für Kinder, die zu Beginn der Befragung auch dem Hund gegenüber etwas ängstlich waren, war es eine geradezu symbolische Erfahrung, diese Ängstlichkeit schließlich zu überwinden; Kinder übertragen diese Erfahrung auf die gesamte Vernehmungssituation und überwinden dann auch vielfach ihre Scheu, einer fremden Person über den erlebten Missbrauch oder die Misshandlung zu berichten (siehe erneut Fallbeispiel 15 und Tab. 8).

Tabelle 8:
Empfehlungen für eine tiergestützte Vernehmung.

Empfehlungen für eine tiergestützte Vernehmung
Keine tiergestützte Vernehmung, wenn...
<ul><li>eine Allergie gegen Tierhaare besteht,</li><li>ein Hund oder ein anderes vergleichbares Tier in das Tatgeschehen involviert war,</li><li>bekannt ist, dass das Kind bereits vor der Tat eine ausgeprägte Angst vor Hunden oder vergleichbaren Tieren hatte.</li></ul>
Eigenschaften des Vernehmungsbegleitundes
<ul><li>absoluter Gehorsam</li><li>absolut wesensfest</li><li>kinderlieb und freundliches Grundverhalten</li><li>nicht zu temperamentvoll und unruhig</li><li>mittlere Größe (bis etwa Kleiner Münsterländer)</li></ul>
Vorgehen
<ul><li>den Hund vorstellen und etwas über ihn berichten</li><li>den Kontakt zwischen Kind und Hund langsam aufbauen, viel Geduld haben und sehr genau beobachten, wie das Kind auf das Verhalten des Hundes reagiert</li><li>langsam den Kontakt über den Hund zum Kind aufbauen</li><li>bei der Schilderung des Tatgeschehens dem Kind die Führung im Umgang mit dem Hund überlassen</li></ul>

- nach der Befragung mit Kind und Hund gemeinsam spielen
- ggf. zum Abschluss ein Erinnerungsfoto mit Kind und Hund machen und dem Kind schenken

Literatur

Adler, F. & Hermanutz, M. (2009). Strukturierte Vernehmung im strafrechtlichen Ermittlungsverfahren. Hinweise für die polizeiliche Praxis, *Kriminalistik, 63,* 535-543.

Argyle, M. (2002). *Körpersprache und Kommunikation: Das Handbuch zur nonverbalen Kommunikation.* Paderborn, Junfermann.

Armony, J.L. & LeDoux, J.E. (1997). How the brain processes emotional information. *Annals of the New York Academy of Sciences, 821,* 259-270.

Atkinson, R.C. & Shiffrin, R.M. (1968). Human memory: A proposed system and its control processes. In Spence, K.W. (ed.), *The psychology of learning and motivation: Advances in research and theory* (pp. 89-195). New York, Academic Press.

Baddeley, A.D. (1997). *Human memory: Theory and practice* (rev. ed.). Hove, Psychology Press.

Baddeley, A.D. (2003). Working memory. Looking back and looking forward. *Nature Reviews Neuroscience, 4,* 829–839.

Baddeley, A.D., & Hitch, G. (1974). *Working memory.* In G.H. Bower (Ed.), *The psychology of learning and motivation: Advances in research and theory* (Vol. 8, pp. 47-89). New York, Academic Press.

Bahr, R. (2004). *Wenn Kinder schweigen. Redehemmungen verstehen und behandeln. Ein Praxisbuch.* Düsseldorf, Walter.

Bartlett, F.C. (1932). *Remembering: A study in experimental and social psychology.* Cambridge: Cambridge University Press.

Bauer, J. (2005). *Warum ich fühle, was du fühlst: Intuitive Kommunikation und das Geheimnis der Spiegelneurone.* Hamburg, Hoffmann und Campe.

Berchtold-Ledergerber, V. (2004). *Die Vernehmungspsychologie in der polizeilichen Aus- und Weiterbildung.* Hochschule für Angewandte Psychologie Zürich, unveröffentlichte Diplomarbeit.

Bierhoff, H.-W. & Frey, D. (Hrsg.), *Handbuch der Sozialpsychologie und Kommunikationspsychologie.* Göttingen, Hogrefe.

Biller, C., Heubrock, D., Magdeburg, A.-K., Palkies, P., Rossmanek, M. & Witt, O. (2009). *Manual für den polizeilichen Umgang mit psychisch auffälligen Geiselnehmern und anderen Personen in kritischen Einsatzlagen* (Polizeipsychologische Praxis, Bd. 1). Frankfurt, Verlag für Polizeiwissenschaft.

Birkenbihl, V. (2007). *Signale des Körpers. Körpersprache verstehen* (20. Aufl.). Heidelberg, mvg Verlag.

Boos, A. & Müller, J. (2006). Posttraumatische Belastungsstörungen. In Wittchen, H.-U. & Hoyer, J. (Hrsg), *Klinische Psychologie & Psychotherapie* (S. 824-839). Heidelberg, Springer.

Brecht, B. (1993). Kurze Beschreibung einer neuen Technik der Schauspielkunst, die einen Verfremdungseffekt hervorbringt. In Suhrkamp Verlag (Hrsg.), Bertolt Brecht Werke. Große kommentierte Berliner und Frankfurter Ausgabe, Band 22.

Brockmann, C. & Chedor, R. (1999). *Vernehmung. Hilfen für den Praktiker.* Hilden, Verlag Deutsche Polizeiliteratur.

Bull, R. & Milne, R. (2004). Attempts to improve police interviewing of suspects. In In G. D. Lassiter (Ed.), *Interrogations, Confessions, and Entrapment* (pp. 181-196). New York: Kluwer Academic.

Christianson, S.-A. (1997). On emotional stress and memory: We need to recognize threatening situations and we need to "forget" unpleasant experiences. In Greuel, L., Fabian, T. & Stadler, M. (Hrsg.), *Psychologie der Zeugenaussage* (S. 33-46). Weinheim, Beltz PVU.

Croft, S. (1995). Helping victims to remember. *Police, November*, 13-14.

Czak, S., Grafe, S., Heubrock, D., Kranz, G. & Palkies, P. (2009). *Das Frontalhirn in Bedrohungs- und Geisellagen. Manual für den Umgang mit „kopflosen" Tätern* (Polizeipsychologische Praxis, Bd. 2). Frankfurt, Verlag für Polizeiwissenschaft.

Dando, C.J. & Milne, R. (2009). Cognitive interviewing. In Kocsis, R. N. (Ed.), *Applied Criminal Psychology. A Guide to Forensic Behavioral Sciences* (pp. 147-167). Springfield, Ill., C.C. Thomas.

Dettenborn, H. & Walter, E. (2002). *Familienrechtspsychologie*. München, Reinhardt Verlag; UTB.

Goldenberg, G. (1996). Defective imitation of gestures in patients with damage in left or right hemisphere. *Journal of Neurology, Neurosurgery, and Psychiatry, 61*, 176-180.

Eggler, M. (2009). Befragung von kindlichen Zeugen. Durchführung laut Opferhilfegesetz (OHG). *Kriminalistik, 63*, 652-657.

Engelkamp, J. (1990). *Das menschliche Gedächtnis*. Göttingen, Hogrefe.

Ekman, P. (2007). *Emotions Revealed: Recognizing Faces and Feelings to Improve Communication and Emotional Life* (2nd ed.). Owl books, New York.

Ekman,P. (1988). *Gesichtsausdruck und Gefühl: 20 Jahre Forschung von Paul Ekman*. Paderborn, Junfermann.

Ekman, P. & Friesen, W.V. (2003). *Unmasking the face: a guide to recognizing emotions from facial expressions*. Cambridge, MA, Malor Books.

Ekman, P. & Friesen, W.V. (1969). The repertoire of nonverbal behavior: categories, origins, usage, and coding. *Semiotica, 1*, 49-98.

Ekman, P., Friesen, W.V. & Hager, J.C. (2002). *Facial Action Coding System (FACS). Manual*. Salt Lake City: A Human Face.

Engfer, A. (1998). Sexueller Missbrauch. In Oerter, R. & Montada, L. (Hrsg.), *Entwicklungspsychologie* (S. 1006-1015). Weinheim, Beltz PVU.

Fiedler, P. (2001). *Dissoziative Störungen und Konversion. Trauma und Traumabehandlung* (2. vollständig überarb. Aufl.). Weinheim, Beltz PVU.

Fiedler, P. (2005). *Persönlichkeitsstörungen* (6. vollständig überarb. und erw. Aufl.). Weinheim, Beltz PVU.

Fisher, R.P. & Geiselman, R.E. (1992). *Memory-Enhancing Techniques for Investigative Interviewing: The Cognitive Interview*. Springfield, CO, Thomas.

Fisher, R.P., Geiselman, R.E. & Amador, M. (1989). Field test fo the cognitive interview: Enhancing the recollection of actual victims and witnesses of crime. *Journal of Applied Psychology, 74*, 722-727.

Fisher, R.P., Geiselman, R.E. & Raymond, D.S. (1987). Critical analysis of police interviewing techniques. *Journal of Police Science and Administration*, 15, 177-185.

Forgas, J.P. (1999). *Soziale Interaktion und Kommunikation. Eine Einführung in die Sozialpsychologie* (4. Aufl.). Weinheim, Beltz PVU.

Fritsche, I., Jonas, E. & Frey, D. (2006). Kontrollwahrnehmungen und Kontrollmotivation. In Bierhoff, H.-W. & Frey, D. (Hrsg.), *Handbuch der Sozialpsychologie und Kommunikationspsychologie* (S. 85-95). Göttingen, Hogrefe.

Füllgrabe, U. (2006). Psychologie der Eigensicherung. Überleben ist kein Zufall (2. Aufl.). Stuttgart: Boorberg.

Geiselman, R.E., Fisher, R.P., MacKinnon, D.P. & Holland, H.L. (1985). Eyewitness memory enhancement in the police interview: Cognitive retrieval mnemonics versus hypnosis. *Journal of Applied Psychology,* 70, 401-412.

George, R.C. (1991). *A field evaluation of the cognitive interview.* Unveröffentlichte Master-Arbeit, Polytechnic of East London.

Gigerenzer, G. (2007). *Bauchentscheidungen: Die Intelligenz des Unbewussten und die Macht der Intuition.* München, Bertelsmann.

Granhag, P.A. & Strömwell, L.A. (2009). The detection of deceit. In Kocsis, R. N. (Ed.), *Applied Criminal Psychology. A Guide to Forensic Behavioral Sciences* (pp. 95-120). Springfield, Ill., C.C. Thomas.

Greiffenhagen, S. & Buck-Werner, O.N. (2007). *Tiere als Therapie. Neue Wege in Erziehung und Heilung.* Mürlenbach, Kynos Verlag.

Greuel, L., Offe, S., Fabian, A., Wetzels, P., Fabian, T., Offe, H. & Stadler, M. (1998). *Glaubhaftigkeit der Zeugenaussage. Theorie und Praxis der forensisch-psychologischen Begutachtung.* Weinheim, Beltz PVU.

Hall, E.T. (1976). *Beyond Culture.* New York, Anchor.

Hammond, L., Wagstaff, G.F. & Cole, J. (2006). Facilitating eyewitness memory in adults and children with context reinstatement and focused meditation. *Journal of Investigative Psychology and Offender Profiling, 3*, 117-130.

Heckhausen, H. (1980). Motivation und Handeln. Heidelberg, Springer.

Hermanutz, M. & Adler, F. (2009). Strukturierte Kindervernehmung mit der Bildkartenmethode. *Kriminalistik, 63,* 623-630.

Hermanutz, M. & Litzke, S.M. (2006). *Vernehmung in Theorie und Praxis. Wahrheit – Irrtum – Lüge.* Stuttgart, Boorberg.

Hermanutz, M., Litzke, S.M. & Kroll, O. (2005). *Polizeiliche Vernehmung und Glaubhaftigkeit. Ein Trainingsleitfaden.* Stuttgart, Boorberg.

Heubrock, D. (2008). Forensische Kinderpsychologie. In Petermann, F. (Hrsg.), *Lehrbuch der Klinischen Kinderpsychologie* (6., vollständig überarb. Aufl.; S. 711-726). Göttingen, Hogrefe.

Heubrock, D. (2010). Gedächtnispsychologische Grundlagen der Zeugenvernehmung. Zum Nutzen neurowissenschaftlicher Erkenntnisse für die Vernehmungspraxis. *Kriminalistik, 64*, 75-81.

Heubrock, D., Brosowski, T., Göhler, M., Kutschke, M. & Neumann-Semerow, M. (2010). Stimmanalysen zur Identifikation des Eskalationsniveaus bei Geiselnahmen. *Polizei & Wissenschaft*, 1/2010, 2-11.

Heubrock, D., Immerini, N., Mengeringhausen, U. & Palkies, P. (2009c). Das auffällig unauffällige Verhalten des Attentäters vor dem Angriff – Zur Psychologie des Personenschutzes. *Kriminalistik, 63,* 81-87.

Heubrock, D., Kindermann, S., Palkies, P. & Röhrs, A. (2009a). Verhaltensmerkmale von Attentätern in der Vortatphase: Nonverbale Alarmsignale für Personenschützer. *Polizei & Wissenschaft*, 1/2009, 2-11.

Heubrock, D., Kindermann, S., Palkies, P. & Röhrs, A. (2009b). Die Fähigkeit zur Identifikation von Attentätern im öffentlichen Raum: Ein experimenteller Vergleich zwischen professionellen und ungeübten Beobachtern. *Polizei & Wissenschaft*, 2/2009, 2-11.

Heubrock, D. & Palkies, P. (2008). Der Rapport. Grundlagen und Anwendung eines taktischen Kommunikationsmittels in der Beschuldigten- und Zeugenvernehmung. *Kriminalistik, 62,* 602 – 608.

Heubrock, D. & Palkies, P. (2009b). Verhaltensmerkmale von Attentätern in der Vortatphase: Experimentelle Untersuchungen zum Personenschutz im öffentlichen Raum. In: C. Lorei (Hrsg.), *Eigensicherung & Schusswaffeneinsatz bei der Polizei. Beiträge aus Wissenschaft und Praxis 2009* (S. 9-34). Frankfurt: Verlag für Polizeiwissenschaft, 2009.

Heubrock, D. & Petermann, F. (2000). Lehrbuch der Klinischen Kinderneuropsychologie. Göttingen, Hogrefe.

Hofstede, G. (2006). *Lokales Denken, Globales Handeln. Interkulturelle Zusammenarbeit und globales Management.* München, dtv.

Hollin, C. (1980). An investigation of certain social, situational and individual factors in eyewitness memory. Unpublished PhD thesis, North East London Polytechnic.

Hoyer, J. & Wittchen, H.-U. (2006). Gesprächsführung in der Klinischen Psychologie und Psychotherapie. In Wittchen, H.-U. & Hoyer, J. (Hrsg), *Klinische Psychologie & Psychotherapie* (S. 397-408). Heidelberg, Springer.

Hübler, A. (2001). *Das Konzept „Körper" in den Sprach- und Kommunikationswissenschaften.* Tübingen, Francke.

Inbau, F.E., Reid, J.E., Buckley, J.P. & Jayne, B.C. (2001). *Criminal Interrogation and Confessions (4th ed.).* Gaithersburg, MD: Aspen.

Jessen, M. (2006). *Einfluss von Stress auf Sprache und Stimme. Unter besonderer Berücksichtigung polizeidienstlicher Anforderungen.* Idstein, Schulz-Kirchner Verlag.

Kanning, U.P. (2002a). Soziale Kompetenz – Definition, Strukturen und Prozesse. *Zeitschrift für Psychologie,* 210, 154-163.

Kanning, U.P. (2002b). Soziale Kompetenzen von Polizeibeamten. *Polizei & Wissenschaft,* 3/2002, 18-30.

Kanning, U.P. (2003). *Diagnostik sozialer Kompetenzen.* Göttingen, Hogrefe.

Kassin, S.M. & Wrightman, L.S. (1985). Confession evidence. In Kassin, S.M. & Wrightman, L.S. (Eds), T*he psychology of evidence and trial procedure.* Beverly Hills, CA, Sage.

Kassin, S.M. & Gudjonsson, G.H. (2004). The psychology of confessions. A review of the literature and issues. *Psychological Science in the Public Interest, 5,* 36-67-

Kassin, S.M. & Gudjonsson, G.H. (2007). Falsche Geständnisse. *Gehirn & Geist,* 1-2/2007, 14-19.

Kebell, M.R., Milne, R. & Wagstaff, G.F. (1999). The cognitive interview: A survey of its forensic effectiveness. *Psychology, Crime and Law,* 5, 101-116.

Kinsch, W. (1982). *Gedächtnis und Kognition.* Berlin, Springer.

Klement, A. (2006a). *Das Marginalsyndrom oder das Leben zwischen zwei Kulturen. Ein Beitrag über die Problematik des Zusammenwirkens mit den Migranten aus den ehemaligen Republiken der Sowjetunion.* Frankfurt, Verlag für Polizeiwissenschaften.

Klement, A. (2006b). *Russisch im Polizeialltag. Ein Leitfaden für Polizeibeamte.* Frankfurt, Verlag für Polizeiwissenschaften.

Knipf, A., Schalke, E. & Hackbarth, H. (2009). Eignung von Hunden als polizeiliche Vernehmungsbegleithunde. Entwicklung und Durchführung eines Tests zur Beurteilung. *Polizei & Wissenschaft,* 3/2009, 43-54.

Kogan, L.R., Granger, B.P., Fitchett, J.A., Helmer, K.A. & Young, K.J. (1999). The Human-Animal Team Approach for Children with Emotional Disorders: Two Case Studies. Child & Youth Care Forum, 28, 105ff.

Köhnken, G., Krause, U. & vom Schemm, K. (2008). Das Kognitive Interview. In: Volbert, R. & Steller, M. (Hrsg.), *Handbuch der Rechtspsychologie* (S. 232-243). Göttingen, Hogrefe.

Kriz. J. (1999). *Systemtheorie für Psychotherapeuten, Psychologen und Mediziner. Eine Einführung.* Stuttgart, UTB.

Kriz, J. (2003). *Personzentrierte Sytemtheorie. Grundfragen und Kernaspekte.* Manuskript.

Kruck, D. & Wiede, P. (1996). *Sekunden des Glücks. Regeln und Rituale des Kennenlernens und Verliebens.* München: Südwest Verlag.

Kupfermann, I. & Kandel, E.R. (1996). Lernen und Gedächtnis. In: Kandel, E.R., Schwartz, J.H. & Jessell, T.M. (Hrsg.), *Neurowissenschaften. Eine Einführung* (S. 667-684). Heidelberg, Spektrum.

Laney, C. & Loftus, E.F. (2009). Eyewitness memory. In Kocsis, R. N. (Ed.), *Applied Criminal Psychology. A Guide to Forensic Behavioral Sciences* (pp. 121-145). Springfield, Ill., C.C. Thomas.

Lepach, A.C., Heubrock, D., Muth, D. & Petermann, F. (2003). *Training für Kinder mit Gedächtnisstörungen. Das neuropsychologische Einzeltraining REMINDER.* Göttingen, Hogrefe.

LeDoux, J.E. (1989). Cognitive-emotional interactions in the brain. *Cognition and Emotion,* 3, 267-289.

LeDoux, J.E. (1995). Emotions: Clues from the brain. *Annual Reviews of Psychology, 46,* 209-235.

LeDoux, J.E. (1998). *The emotional brain. The mysterious undepinnings of emotional life.* London, Phoenix.

Loftus, E.F. (1992). When a lie becomes a memory´s truth. *Current directions in psychological science,* 1, 121-123.

Luhmann, N. (2004). *Einführung in die Systemtheorie* (2. Aufl.). Heidelberg, Auer.

Maass, A. & Köhnken, G. (1989). Eyewitness identification: Simulating the "Weapon Effect". *Law and Human Behavior, 13,* 397-408.

McNeill, D. (1992). *Hand and mind. What gestures reveal about thought.* Chicago, University of Chicago Press.

Mehrabian, A. (1972). *Non-verbal communication.* Chicago, Aldine.

Meissner, C.A., Horgan, A.J. & Albrechtsen, J.S. (2009). False confessions. In Kocsis, R. N. (Ed.), *Applied Criminal Psychology. A Guide to Forensic Behavioral Sciences* (pp. 191-210). Springfield, Ill., C.C. Thomas.

Meissner, C.A. & Kassin, S.M. (2004). „You're guilty, so just confess!" Cognitive and behavioural confirmation biases in the interrogation room. In G. D. Lassiter (Ed.), *Interrogations, Confessions, and Entrapment* (pp. 85-106). New York: Kluwer Academic.

Meyer, G. & Bachmann, M. (2005). Spielsucht. Ursachen und Therapie. (2. vollständig überarb. Aufl.). Berlin, Springer.

Mietzel, G. (2002). *Wege in die Entwicklungspsychologie, Bd.1: Kindheit und Jugend (4. Aufl.).* Weinheim, Beltz-PVU.

Milne R. & Bull, R. (2003). *Psychologie der Vernehmung. Die Befragung von Tatverdächtigen, Zeugen und Opfern.* Bern, Huber.

Mohr, M., Schimpel, F. & Schröer, N. (2006). *Die Beschuldigtenvernehmung.* Hilden, Verlag Deutsche Polizeiliteratur.

Molcho, S. (1996). *Körpersprache.* München, Goldmann.

Molcho, S. (2002). *Alles über Körpersprache: sich selbst und andere besser verstehen.* München, Goldmann.

Nerdinger, F.W., Blickle, G. & Schape, N. (2008). Arbeits- und Organisationspsychologie. Berlin, Springer.

Niehaus, M. (2004). Warum gestehen? Diskursanalytische Bemerkungen zur Psychologie des Strafverfahrens. *Polizei & Wissenschaft,* 4/2004, 2-13.

Oswald, M.E. (1997). Richterliche Urteilsbildung. In Steller, M. & Vollbert, R. (Hrsg), *Psychologie im Strafverfahren. Ein Handbuch.* (S. 248-265). Bern, Huber.

Otto, J.H., Döring-Seipel, E., Grebe, M. & Lantermann, E.D. (2001). Entwicklung eines Fragebogens zur Erfassung der wahrgenommenen emotionalen Intelligenz. *Diagnostica, 47,* 178-187.

Paivio, A. (1971). *Imagery and verbal processes.* New York: Holt, Rinehart, and Winston.

Paivio, A. (1990). *Mental representations. A dual coding approach. Oxford: University Press.*

Panthey, K., Eggert, F. & Bliesener, T. (2006). Gefühlte Glaubhaftigkeit: Der Emotional Truth Bias. *Polizei & Wissenschaft,* 1/2006, 2-10.

Pedelty, L.L. (1987). *Gestures in aphasia.* Doctoral dissertation, University of Chicago.

Petitto, L. & Merentette, P. (1991). Babbling in the manual mode: evidence for the ontogeny of language. *Science, 251,* 1493-1496.

Phillips, A. (2004). How the dynamics between animal abuse and child abuse affect the forensic interview process. *Reasonable Efforts, 1,* (Whole No. 4).

Prabu, D. (1998). News concreteness and visual-verbal association: Do news pictures noarrow the recall gap between concrete and abstract news? *Human Communication Research, 25,* 180-201.

Putz, R. & Pabst, R. (2000) (Hrsg.). *Sobotta – Atlas der Anatomie des Menschen, Bd. 1: Kopf, Hals, obere Extremität* (21., neu bearb. Aufl.). München, Urban & Fischer.

Regber, A. (2007). *Glaubhaftigkeit und Suggestibilität kindlicher Zeugenaussagen unter Einbeziehung entwicklungspsychologischer Aspekte.* Frankfurt/M, Verlag für Polizeiwissenschaft.

Reichert, E. (1994). Play and Animal-Assisted Therapy: a Group-Treatment Modell for Sexually Abused Girls ages 9-13. *Family Therapy, 21* (1), 55-61.

Rizzolatti, G. & Sinigaglia, C. (2009). *Empathie und Spiegelneurone. Die biologische Basis des Mitgefühls.* Frankfurt a.M., Suhrkamp.

Roebers, C.M. (2006). Kinder als Zeugen – Bildkärtchen-Methode. In Hermanutz, M. & Litzcke, S.M. (Hrsg.), *Vernehmung in Theorie und Praxis. Wahrheit – Irrtum – Lüge* (S. 197-211). Stuttgart, Boorberg.

Roggenwallner, B. & Pröbstl, K. (2008). Vernehmungscoaching. Münster, ZAP Verlag.

Rothi, L.J.G., Ochipa, C. & Heilman, K.M. (1991). A cognitive neuropsychological model of limb praxis. *Cognitive Neuropsychology, 8,* 443-458.

Rütsche, B. & Meyer, M. (2010). Der kleine Unterschied – Wie der Mensch zur Sprache kam. *Zeitschrift für Neuropsychologie, 21,* 109-125.

Sayler Gudas, L. & Sattler, J.M. (2006). Forensic interviewing of children and adolescents. In S.N.Sparta. & G.P. Koocher (eds.), *Forensic mental health assessment of children and adolescents* (pp. 115-128). Oxford: University Press.

Schandry, R. (2003). *Biologische Psychologie.* Weinheim, Beltz.

Scherer, K.R. & Wallbott, H.G. (1979). Vorwort. In Scherer, K.R. & Wallbott, H.G. (Hrsg.), *Nonverbale Kommunikation: Forschungsberichte zum Interaktionsverhalten* (S. 5 – 7). Weinheim, Beltz.

Schmid, C. (2007). *Korruption, Gewalt und die Welt der Polizisten.* Frankfurt, Vervuert Verlagsgesellschaft.

Schröer, N. (1998). Kommunikationskonflikte zwischen deutschen Vernehmungsbeamten und türkischen Migranten. Verfahrensvorschläge für die „verstehende" Rekonstruktion interkultureller Kommunikation und Präsentation erster Auswertungsergebnisse einer Feldstudie zur polizeilichen Vernehmung türkischer Beschuldigter. *Soziale Probleme, 9,* 154-181.

Schulz von Thun, F. (2007). *Miteinander reden, Band 1: Störungen und Klärungen. Allgemeine Psychologie der Kommunikation* (45. Aufl.). Hamburg, Rowohlt.

Schwind, H.-D., Roitsch, K., Ahlborn, W. & Gielen, B. (1997). *Gewalt in der Schule am Beispiel Bochum* (2. erweit. Aufl.). Mainz: Weisser Ring.

Simon, W. (2004). *Gabals großer Methodenkoffer: Grundlagen der Kommunikation* (3. Aufl.). Offenbach, Gabal.

Six, U., Gleich, U. & Gimmler, R. (2007a). Kommunikationspsychologie. In Six,U., Gleich, U. & Gimmler, R. (Hrsg.), *Kommunikationspsychologie – Medienpsychologie. Lehrbuch* (S. 21-50). Weinheim, Beltz PVU.

Six, U., Gleich, U. & Gimmler, R. (Hrsg.) (2007b). *Kommunikationspsychologie – Medienpsychologie. Lehrbuch.* Weinheim, Beltz PVU.

Stadler, M., Seeger, F. & Raeithel, A. (1977). *Psychologie der Wahrnehmung* (2. Aufl.). München, Juventa.

Steller, M. (2008). Glaubhaftigkeitsbegutachtung. In: Volbert, R. & Steller, M. (Hrsg.), *Handbuch der Rechtspsychologie* (S. 300-310). Göttingen, Hogrefe.

Sticher-Gil, B. (2003). Polizei- und Kriminalpsychologie. Teil 1: Psychologisches Basiswissen für die Polizei. Frankfurt, Verlag für Polizeiwissenschaft.

Teichert, G. & Gölnitz, K. (2009). Wahrnehmung polizeilicher Zeugenvernehmungen bei Opfern von Sexualdelikten. In: Dauer, S., Doberenz, R. & Orth, C. (Hrsg.): Rechtspsychologie zwischen Politik, Justiz und Medien. Pabst, Lengerich.

Tomasello, M. (2009). Die Ursprünge der menschlichen Kommunikation. Ort, Suhrkamp.

Traut-Mattausch, E. & Frey, D. (2006). Kommunikationsmodelle. In Bierhoff, H.-W. & Frey, D. (Hrsg.), *Handbuch der Sozialpsychologie und Kommunikationspsychologie* (S. 536-544). Göttingen, Hogrefe.

Volbert R. (1995). Zum Sexualverhalten und Sexualwissen von Kindern. *Sexuologie, 3/1995,* 166-178.

Watzlawick, P., Beaven, J.H. & Jackson, D.D. (2007). *Menschliche Kommunikation. Formen, Störungen, Paradoxien* (11. Aufl.). Bern, Huber.

Weber, H. & Rammsayer, T. (Hrsg.) (2005). *Handbuch der Persönlichkeitspsychologie und Differentiellen Psychologie.* Göttingen, Hogrefe.

Weidenmann, B. (1993). Psychologie des Lernens mit Medien. In: Weidenmann, B. & Krapp, A. (Hrsg.), *Pädagogische Psychologie* (2., neubearb. Aufl., S. 493-454). Weinheim, Psychologie Verlags Union.

Wilmers, N., Enzmann, D., Schaefer, D., Herbers, K., Greve, W. & Wetzels, P. (2002). *Jugendliche in Deutschland zur Jahrtausendwende: Gefährlich oder gefährdet? Ergebnisse wiederholter Dunkelfelduntersuchungen zu Gewalt und Kriminalität im Leben junger Menschen 1998-2000.* Baden-Baden: Nomos.

Andere Quellen:

Heubrock, D. (2005). Psychologie der Vernehmung. Manuskript (Handout) zum Lehrgang „Vernehmungstaktik" beim Bildungsinstitut der Polizei Niedersachsen (später: Polizeiakademie Niedersachsen). Bremen: Institut für Rechtspsychologie [VS – NfD].

Heubrock, D. (2006). Die Psychophysiologie eines Notfalleinsatzes – Wie reagiert unser Nervensystem unter extremer Belastung? Symposium „Krisenintervention und Notfallnachsorge: Wir brauchen keine Helden! Welche Hilfen brauchen Helfer?" des Deutschen Roten Kreuzes, Kreisverband Bremen e.V., im Haus der Bürgerschaft, Bremen, am 04. November 2006.

Heubrock, D. & Donzelmann, N. (2010). *Verhaltensmerkmale von Attentätern in der Vortatphase: Nonverbale Alarmsignale für Personenschützer.* Erweitertes Manuskript zur Fortbildung für die Polizei (BKA, MEK, SEK, Personenschutz, Staatsschutz, Zeugenschutz). Bremen: Institut für Rechtspsychologie [VS – NfD].

Heubrock, D. & Furch, J. (2009). Rechtspsychologisches Gutachten zur Einschätzung einer möglichen Gewaltandrohung gegen Zeugen. Bremen: Institut für Rechtspsychologie [VS – NfD].

Heubrock, D. & Klaming, L. (2005). Operative Fallanalyse. Bewaffnete Raubüberfälle auf Schlecker-Drogeriemärkte 16.05.2002-07.08.2002 Bremen und Bremer Umland.

Palkies, P. (2009). *Kommunikationspsychologie der polizeilichen Vernehmung.* Universität Bremen: Unveröffentlichte Diplomarbeit.

Internetquellen:

Knipf, A. (2008). Erstellung eines Anforderungsprofils für den Einsatz eines Hundes als polizeilicher Vernehmungsbegleithund. Dissertation zur Erlangung des Grades einer Doktorin der Veterinärmedizin. Online verfügbar unter http://www.tiho-hannover.de/service/tsz/dissertationen/dissab/knipf.a_ws_2008.pdf (Abgerufen am 02.10.2009).

Besuchen Sie uns im Internet unter:

www.polizeiwissenschaft.de

Hier finden Sie sowohl die neusten Neuerscheinungen als auch schon länger erschienene Werke. Zu jedem Buch können Sie Beschreibungen lesen und Inhaltsverzeichnisse einsehen.

Bestellungen nehmen wir gerne
- online *(siehe unten)*,
- per E-Mail *(verlag@polizeiwissenschaft.de)*,
- Fax *(0049 - 069 - 51 37 54)* oder
- postalisch *(Verlag für Polizeiwissenschaft, Eschersheimer Landstraße 508, D-60433 Frankfurt am Main)* an.

Wir liefern Ihnen umgehend auf Rechnung und **versandkostenfrei**!

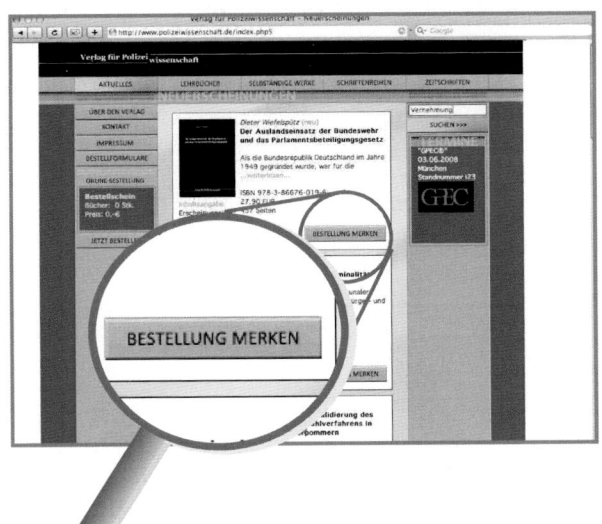

Online Bestellung
Auf der Homepage können Sie nun auch online bestellen!

Klicken Sie einfach...

BESTELLUNG MERKEN

... und schicken Sie anschießend am Ende Ihres Einkaufes Ihren Bestellschein ausgefüllt online ab

Suchmöglichkeit!

geben Sie einfach einen Suchbegriff ein...

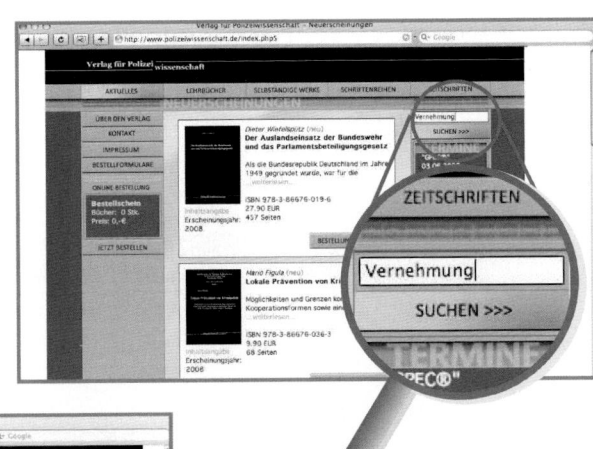

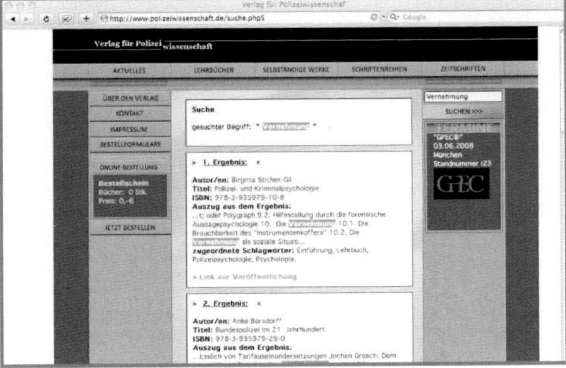

... und Sie erhalten eine Trefferliste mit markierter Anzeige Ihres Suchbegriffs

Newsletter

Lassen Sie sich für unseren Newsletter registrieren und Sie sind
immer auf dem neuesten Stand! Sie erhalten bei jeder Neuerscheinung
per E-Mail eine Benachrichtigung

Klicken Sie einfach auf ...

NEWSLETTER ABO

... und geben Sie anschießend Ihre E-Mail-Adresse ein.
Zur Anmeldung für den Newsletter nun einfach nur
noch auf REGISTRIEREN klicken!

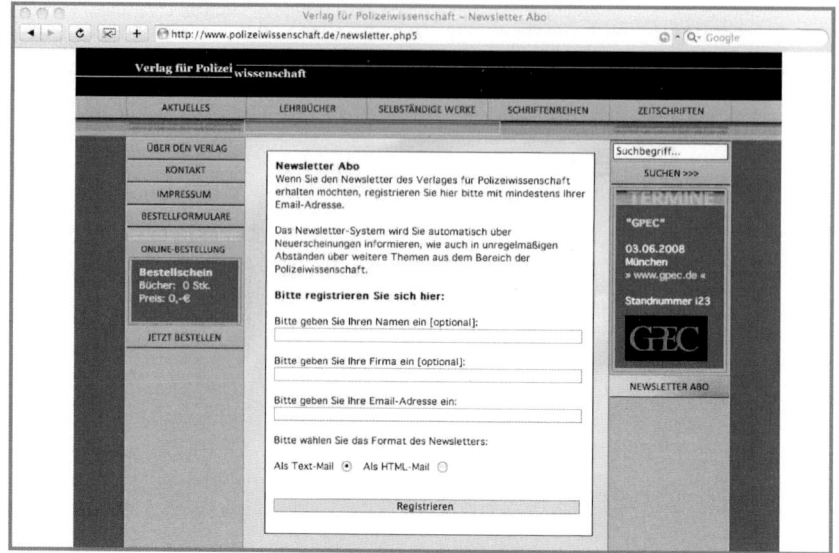